古小伟电眼彩妆书

古小伟◎著

上海锦绣文章出版社

Contents

Contents

Part 2
应用加强篇 / 42

Contents

Contents

Contents

Part 6
呵护美眸／126

欢迎进入古小伟的彩妆世界

化妆，没有一定的规则可循。每当我想要表现一个妆效时，我的脑海里总是会先浮现出我想要营造的“画面”，然后我再以彩妆技巧一步步地把我想要的感觉画出来。

在我十年的彩妆生涯中，最常被问到的问题是：“小伟老师，你都怎么表现你想画的妆？”这问题看似简单，但对我来说真的好难回答。我想，如果我回答“我都是看感觉”，应该会有些人认为这样的说法还真令人抓不到头绪！事实上，彩妆原本就充满奇妙，就像功夫一样，所有的技法都是基本功，从技术到艺术，“凭感觉”这简单几个字，其实是来自于不断地自我进修和与他人切磋的成果；所有的灵感创意，有更多是学习尝试后的体认和领悟。

将专业出版成书，在我的心里有太多太多的想法，当然有更多的坚持。从出版社邀约我出书的那一刻，我无时无刻不在思索，如何把我所知道的用最浅显易懂的方式让读者一目了然？如何能更尽善尽美地呈现我所想要表达的？毕竟，这本书代表的是我，我想给大家一本值得收藏的彩妆书，可以很简单就看得懂、学得到实用的彩妆技巧，同时也让支持古小伟的朋友，觉得购买这一本书是值得的。

我在这本书上，投注相当多的时间和精力，从初步的构想企划开始，制作中的持续修正，一直到后制的美编排版和文字校对。执行过程中每一个单元的步骤画面，都因为要求完美而再三调整取镜，甚至为了一个细节不对而再重新进棚拍摄，摄影、灯光、发型和模特儿都表现出最好的一面，这一切都是为了让读者能有视觉上不一样的享受。透过书中的色彩与结构铺陈，希望能够呈现出我想要给读者的感觉，一种属于古小伟的风格。

这阵子许多关心我、支持我的朋友，你们给我的打气加油，我都感激在心。带领我们的心湄姐，以及《女人我最大》制作群们，谢谢你们给予我的建议与支持，真的，真的很谢谢大家，希望朋友们都会喜欢这本书。现在，请一起加入古小伟的彩妆世界。

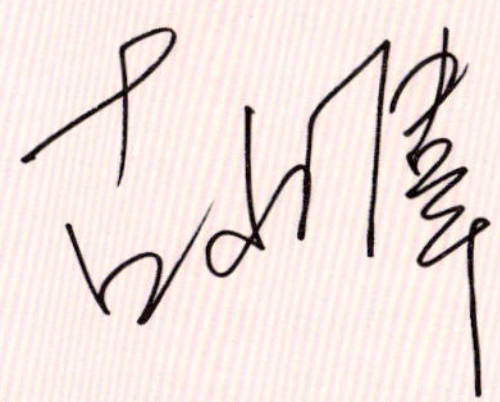

彩妆魔法师

Wei Goo

古小伟

拥有十年以上的彩妆资历 /

曾任Shiseido资生堂、

LANCOME兰蔻、

KP（KesalanPatharan）、

MaxFactor蜜斯佛陀彩妆顾问。

目前为FMU时尚美妆流行站长 /

http://www.makeup.com.tw

合作过的港台艺人 /

成龙、S·H·E.、ENERGY、阿桑、动力火车、原味觉醒、李圣杰、董事长乐团、胡培蔚等。

合作过的报章杂志 /

《ELLE》、《COSMOPOLITAN》、《marie claire》、《HARPER`SBAZAAR》、《men's uno》、《依依》、《茉莉》、《苹果日报》等。

合作的电视节目 /

TVBS-G《女人我最大》

推荐序

每一次看到小伟在“女人我最大”节目中，为前来改造的艺人朋友们化妆，就像是一个油画高手在画画，唯一不同的是最后呈现出来作品，往往又给艺人朋友们更大的信心，这可是功德一件喔！

与小伟熟识于“女人我最大”节目，经常与他交换彼此对于流行彩妆的见解与想法后，深深觉得小伟于新生代化妆师中，的确有其胜出之处！相较于我，总是带点处女座完美、教条式的美感，小伟却以他浑然天成、没有限制与规则的美妆直觉，让上妆过程彷佛是一块画品创作，再加上"道得出所以然"的天秤座思考逻辑，也难怪他总是受到观众的喜爱！

如今，他终于要将这些独特又实用的私藏美妆概念与技巧，透过美妆书中轻松、简单又清楚的步骤来呈现，让你能马上上手，短时间就成为化妆高手！

我很喜欢看小伟化妆，不仅仅是技巧，而是在于他的彩妆创意及大胆的色彩表现。我还记得在《女人我最大》节目中有问过他，化妆时创意的来源是什么，他很诚恳地告诉我说，其实在每次节目的录像前，他并没有明确找出一定的方向，而是依照当天model及整体环境的感觉来发挥。他还有些半开玩笑地说道，其实就是“乱画”！对我来说，“乱画”其实何其难也：要如何随意挥洒，又不会让整体彩妆走样，除了要有扎实的技术外，更要有先天的美感与创造力，就像高更或是梵谷的画一般，小伟的彩妆也同样让我有热情及生命力的感动，而这就是小伟，他的妆，永远有让人耳目一新的感觉。

谈起彩妆的流行，这几年的趋势彷佛又进入了另一个60年代，特别着重于眼部彩妆的表现。然而，东方人的眼型不像西方人那般好表现，要如何强调出华丽的眼妆，又不会沦于俗艳，其实不是人人都可以随便“乱画”，就能恰如其分地掌握自我天成，而小伟这本针对眼妆的化妆书，正可以给许多不知如何下手的人一个很棒的指引。我经常这样形容：女人的化妆品就像衣服一样，永远好像少了那么一件。但是，与其买更多的化妆品让自己更加美丽，还不如一本化妆工具书来得更加实用，想要学好化妆，不妨就从小伟的这本书开始吧！

还记得第一次遇到小伟，是帮一本杂志拍彩妆。当时，很少有机会让男性彩妆师替我化妆，心里难免会感到忐忑不安。在化妆的过程中，小伟老师的速度相当快，而且用色非常大胆，出乎我的意料之外。他使用的彩妆颜色有别于一般的彩妆师，这点真的令我很赞叹。当整个妆完成之后，看着镜子里的自己，我觉得小伟替我上了很美丽的一堂课。之后，我和小伟常有合作的机会，每次当他替我化妆，看着他的用色，我都会告诉自己，我也要尝试看看。

要怎么形容小伟的妆？我觉得就像他的个性一样：利落爽朗！看着他的部落格相簿中，有许多替艺人化妆的精采工作照，在各个杂志的彩妆单元，以及深受欢迎的《女人我最大》节目中，都可以见识小伟的彩妆功力。如果我是彩妆师，我也希望能够像小伟一样，画出自己心目中的妆；把自己的想法和意念，透过彩妆完美呈现出来让大家好好欣赏。

小伟，你做到了！在这本彩妆书中，我也是其中单元的model之一喔。我很喜欢小伟的彩妆造型，相信这本书一定会是所有爱美的女生化妆必备的超实用工具书，就算是不敢尝试大胆彩妆的人，看了小伟公开的技巧诀窍后，一定也会想要马上尝试看看。我等小伟这本书已经很久了呢，也期待大家会喜欢喔。

謝欣穎

基础讲座篇

Part 1

以眉型平衡五官和修饰脸型，运用小技巧打造最佳眉形！

你知道吗？眉笔和眉粉两者画出来的妆感可说是截然不同喔。

想要变得迷人又有型，只要三分钟，一道眼线就能让你立即拥有明眸大眼睛。

善用眼线笔、眼线液，甚至是棉花棒，大胆画出眼线的绝色魅力。

无论初学者或高手，美眉们只要用“魔法指腹功”，徒手就能创造出独特的眼妆。

眼影棒、眼影刷，基础眼妆关键秘诀大解析！

只要几个简单小步骤，就算脱妆、晕染，也能立刻把漂亮的眼妆补回来！

第1课
创造出色美眉的超实用漂亮小秘诀

第2课
轻松上手的魅力眼线神奇技法

第3课
眼妆基本术，彻底攻略

第4课
让你拥有芭比的放电睫毛！

第1课 创造出色美眉的超实用漂亮小秘诀

认识基本眉形

眉头到眉峰呈上扬，眉峰到眉尾逐渐往下，这是一般最常见的基本眉形。漂亮的眉形具有平衡五官和修饰脸型的作用，以眼睛和鼻子间所形成的三角形区域为基准，即可找到与你最速配的眉形。

打造最佳眉形！“眉头、眉峰、眉尾”三点不漏。

想要打造你的最佳眉形，所要准备的工具有：一面镜子、一支笔（或尺），再加上一支眉笔。现在，你可以开始动手找出最佳眉形的三个重点。

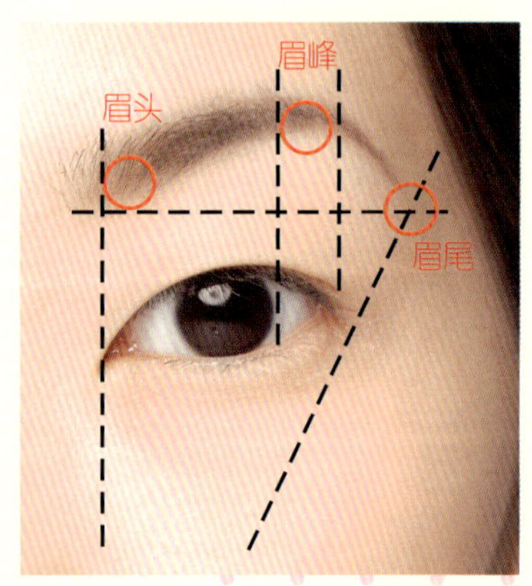

Point 1

眉头： 从鼻翼的正中间，垂直向上延伸线条，一直到眉头交会处。

Point 2

眉峰： 双眼直视正前方，黑眼珠外侧到眼尾间的距离，都可以是眉毛的最高点，也就是你眉峰的位置。

Point 3

眉尾： 适当的眉尾位置，是从鼻翼外侧到眼尾斜长的延伸线，与眉毛尾端的连接处。

关键三点，左右脸形是否平衡匀称。

千万不要小看眉头、眉峰和眉尾对你容貌的影响力！左右不对称、不均衡的眉头，显得过平的眉峰，和过于下垂的眉尾，都会让人看起来没有精神。眉形影响着一个人的脸形，只要调整眉形，就能让一个人呈现出截然不同的感觉。

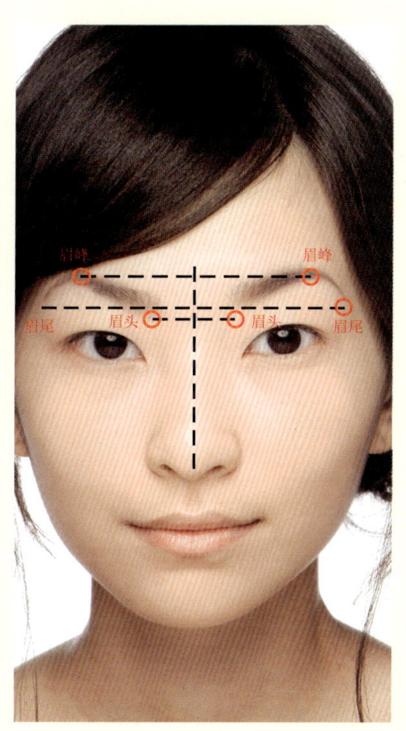

Point 1

眉头是你眉妆是否成功的决胜点：现在，你不妨对着镜子看着你的脸。以鼻梁为中心，两侧眉头与鼻梁间的距离应该是等长的，这样才能让整张脸呈现出平衡的美感。如果眉头靠得太近，会让人有种阴沉忧郁的感觉；如果距离太宽，又会让眉毛显得太长。

Point 2

眉峰影响一个人的脸形是否小巧精致：眉峰的位置，正好是上眼窝最凹陷的地方。如果眉峰的位置太低，会让五官缺乏立体感，让你活像有张扁平的大饼脸！而眉峰愈接近黑眼珠，脸型则会显得较长，反之，则会让脸型变得较宽。

Point 3

眉尾长短会呈现不同的妆感：一定要注意：眉尾不能过于下垂，千万不可比眉头还低！这样容易看起来没有精神。稍长的眉毛会让你看起来比较成熟，偏短的眉毛则会使一个人看起来比较可爱；你可以视目前的流行和自己的喜好来做适度的调整。

超完整必修“修眉讲座”

并不是每个人与生俱来都会有完美无瑕的眉形，在找到眉毛的三个关键位置后，藉由修剪的技法，可以让你调整出最适合你的漂亮眉形！让你在勾勒你的眉妆时，可以更加得心应手。

1 **螺旋眉梳有助梳顺眉毛** 你可以选用类似睫毛刷的螺旋眉梳，顺着你眉毛生长的毛流，然后将眉毛从眉头位置向眉尾梳顺。将眉毛梳顺有助于接下来的步骤。

2 **修整眉形要仔细确认** 修整眉形你可以顺着眉毛来抓出眉形位置，将多余的杂毛，用小镊子一根根拔除。拔的时候一定要仔细确认，避免拔得过多，让眉毛出现缺角或是过于稀疏。

3 **拔除超出标准眉形的杂毛** 将眉毛上方超出标准眉形范围外的多余杂毛，一一仔细地拔除。一面拔除时，一面可以停下来看着镜子，注重整体的协调性，而不仅仅只顾着眉毛而已。

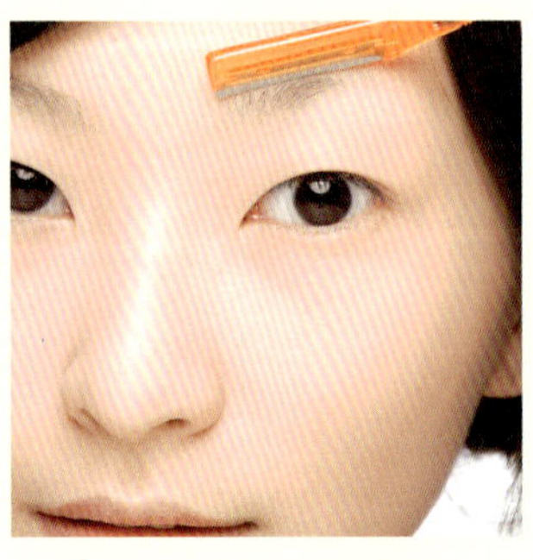

4 **以剃眉刀辅助剃得更干净** 先把较粗的杂毛拔除后，接着，可用剃眉刀贴着眼皮，轻轻将细软的杂毛剃除干净，如此可让肤色更加透亮，也可以让之后的彩妆品更加显色。

5 **以修眉剪刀将眉毛打薄** 运用螺旋眉梳和修眉专用的小剪刀，将眉毛往上挑起，然后将过于厚重的眉毛稍加打薄（可将螺旋眉梳弯成如眉形般，如此可以让修剪眉毛的动作更加顺手）。

6 **慢慢修剪以免修坏难补救** 把眉毛往下梳，将超过眉形范围的过长眉毛修短。切记：修眉毛的动作要慢，千万不要太快下刀，否则不小心剪坏，可是很难补救的。

自然眉妆&立体眉妆

眉笔和眉粉是常用的画眉毛工具，不过，两者画出来的妆感可说是截然不同。基本上，如果你只是想要呈现出淡雅自然的眉妆，眉粉是初学者的最佳工具！但要是你想让你的眉妆更加立体有型，选择眉笔可加强画出理想的立体妆效。

1 以眉刷沾取眉粉

用眉刷沾取眉粉之后，可以先用眉刷在你的手背上稍稍地轻轻试刷，让眉刷沾附上适量的眉粉后，再开始画眉。

2 决定位置后预作记号

对着镜子画眉，首先，你可以决定你想要的眉峰位置，在预想的位置上轻轻地刷上淡淡的颜色来做记号。

3 画眉时要一段一段重叠

由眉峰向眉尾的方向画出你眉毛的后段。运用一段一段重叠的画法把眉毛的间隙填满，有助于画出自然眉形。

4 眉峰浓度不宜太重

接着，把眉峰的颜色一点一点地增加补上，眉峰的浓度千万不要画得太重，颜色过重的眉峰，不但会让眉形看起来突兀，更会让你面露凶相。

5 以晕染方式淡淡地画眉头

最后再画眉头的部份。画眉头的颜色切记淡淡地用晕染的手法就好！如果你的眉头原本就很浓密，可以简单地带过（眉头本身就浓密的人，不画其实也OK）。

6 眉峰下方补强更有型

如果想让你的眉形更加立体有型，可用眉笔在眉峰下方稍稍画出一道颜色，让眉峰更明显。

7 稍稍描绘眉头即可

最后，在眉头的部份只要稍加轻轻地描绘一下就可以了。

8 笔触放轻线条会更柔顺

以眉笔描绘可让眉尾线条更清晰有型；将笔触放轻，线条才不至于太生硬。

9

眉色自然更出色

画好眉妆后，建议用螺旋眉梳放在眉毛上方边缘，由眉头、眉峰往眉尾的方向轻轻梳整，让眉笔／眉粉的颜色与原来眉毛原色自然融合晕染。

★Good Idea:

要让眉毛保持漂亮形状，最好养成每天修整眉毛的习惯。只要以螺旋眉刷梳顺毛流，就可以更整齐有朝气！将变长的眉毛修掉，或拔掉新长出来的杂毛，就算你不化妆，养成常常梳整眉毛的习惯，就能帮助眉毛的毛流朝正确方向生长，让眉妆变得更容易打理喔。

第2课 轻松上手的魅力眼线神奇技法

轻轻松松画出迷人眼线

对大部分的人来说，眼妆步骤里以画眼线最为困难。然而，只要你懂得掌握诀窍，也能轻轻松松画出漂亮的眼线！现在，就教你几招立刻上手的技法，美得让你自己都赞叹。

1 先用指腹将眼头的皮肤朝鼻梁方向轻推，眼睛向下看；另一手拿着眼线笔从眼头开始描绘眼线。

2 接着以另一只手将眼窝正上方的眼皮稍稍往上提，顺着眼睛的弧度，一段一段来回画出中段的眼线，同时将睫毛间的空隙补满。

3 将上眼皮朝太阳穴的方向提拉，将眼线慢慢向眼尾拉长，画出柔顺自然的线条。

4 画下眼线时和上眼线的步骤相同，配合画眼线时的位置，以另一只手的指腹调整下眼皮的方向和位置。

快速画出隐形眼线秘籍大公开

眼睛较小的人，或眼大无神的人，想要让别人看不出上妆，或想要让你的眼睛看起来更加明亮有精神，你可在眼睫毛下方画上隐形眼线，这可是让你的眼睛变大的绝佳美眼妙招喔！

1 以双手并用的聪明画眼线法，面对镜子一手把上眼皮往上提起，另一手拿着眼线笔，从眼尾开始下笔，在内眼睑和睫毛根部左右来回描绘。

2 将指腹移到眼窝中央，把眼皮往上提，来回慢慢地描绘内眼睑中段。

3 将眼头上方的眼皮朝鼻梁的方向轻轻上提，就可以很顺手地画出内眼线。

眼线笔&眼线液，简简单单就能上手

画眼线的产品种类繁多，以眼线笔和眼线液最为普遍；眼线笔所描绘出的线条具晕染柔和感，眼线液则表现出利落清晰的妆效。无论使用眼线液或眼线笔，只要多加练习，画眼线其实也可以简简单单地上手。

以眼线笔画眼线的步骤

1 面对镜子，先从眼尾朝眼头方向画一小段眼线，以决定眼线的终点位置。

2 以眼线笔的最前端由眼头开始顺着睫毛根部，一小段、一小段地左右来回描绘眼线，并填满睫毛间的空隙。

3 当画到眼尾部份时，以一手提拉眼尾上方的眼皮，好让眼尾线条可微微扬起。

4 再用干净的眼影刷将眼尾的线条柔和开即可。

FINISH

以眼线液画眼线的步骤

1 首先，在眼尾部份下笔，朝中间方向先画出一小段眼线的终点位置。

2 将握笔的手指固定在颧骨上方，以轻柔的笔触从眼头朝眼尾紧贴睫毛根部，一口气画出整个线条直到终点位置。

3 画到眼尾时，可将握笔的手稍为放松，拉出线条细致的眼尾。

4 用一只手辅助，提拉眼尾的眼皮，加强描绘眼尾，使眼尾线条上扬，同时加粗线条让眼神更加迷人。

FINISH

棉花棒也能画出柔美眼线

可别小看棉花棒！棉花棒除了可用来擦掉化妆时不小心沾染到的小瑕疵，更可以拿来画眼线，是绝对不会出错的眼线入门技法。如果眼线笔或眼线液的使用不熟悉，棉花棒能让你放胆画出眼线的绝色魅力！

1 想要用棉花棒画出漂亮的眼线，以拇指和食指先将棉花棒压扁。

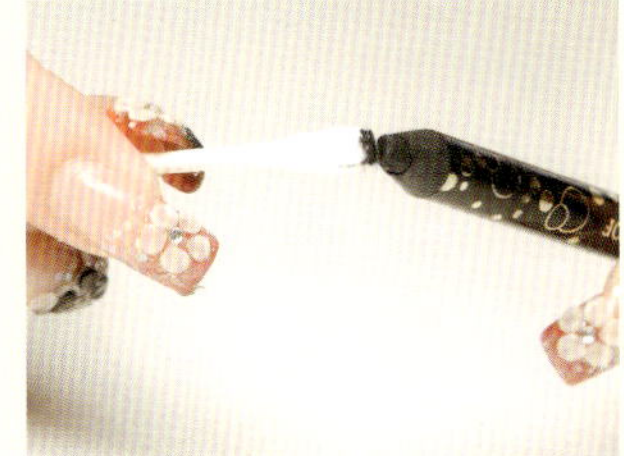

2 将眼线笔直接涂抹在已经压扁的棉花棒前端。

3 手拿棉花棒顺着眼皮上缘画出眼线。若颜色变淡时，再重复上个步骤补充色料。

4 将棉花棒微侧，在眼尾画出自然的线条收尾。

★Good Idea:

若想让眼睛看起来较圆，可以把眼线的中段画得稍微粗一点；如果想让眼神更增添魅惑力，可把眼线画得比眼睛稍长些，而且微微上扬。究竟要先画眼线？还是先画眼影？其实并没有一定的先后顺序（但呈现出的效果会不一样）。先画眼线再上眼影，妆感会显得较为柔美；如果先画眼影再画眼线，则眼妆会较为立体，表现出深遂眼神。你可依照喜好或妆感需求来做变化。

第3课 眼妆基本术，彻底攻略

眼影刷基本大法，让你成为美丽刷手

所谓“工欲善其事，必先利其器”，棉花棒、眼影棒或眼影刷是入门者在学画眼影时最易上手的工具，尤其眼影刷对初学者来说，对控制眼影色彩浓淡极有帮助。

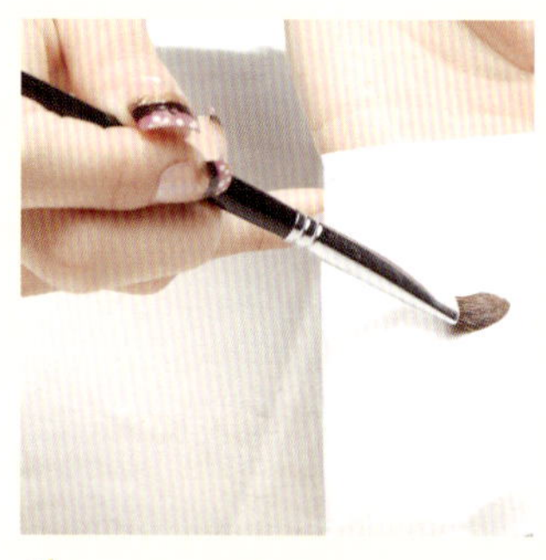

1 以眼影刷沾粉质眼影，先用卫生纸将过多的粉末沾取后再开始上妆。

2 首先，在紧贴睫毛根部画比眼线稍粗一点的线条。用眼影刷画眼影时，角度愈平所呈现的妆效愈柔和。

3 运用平刷法，将眼影向上重叠渐层晕染整个眼窝。

4 接着将整个眼窝已上好的颜色，层叠晕染至眉骨，让眼部轮廓更加深邃。

5 在眼尾部份，再用眼影刷加强勾勒描绘。

★Good Idea:

画眼影的关键，除了眼影刷的角度对了之外，该怎样掌握眼影的基本原理呢？只要你认识基本上眼影的位置与刷式，只要方法用对了你就可以画出立体的眼妆咯！1. 画眼影的位子，亮色眼影不可以超过眼窝处。2. 打亮眉骨位子，会让眼睛更立体。3. 眼头处打亮后，鼻子和眼影会更立体感。

FINISH

运用魔法指腹功巧妙画出魔力眼妆

化妆并不一定要使用工具，灵巧的手指就是化妆的最好帮手！尤其是徒手沾霜状或膏状的眼影，运用"魔法指腹功"更能晕染出漂亮的妆效。

1 晕染大范围眼窝，用整个指腹沾取眼影（就像是使用眼影棒一样），直接在眼皮上推抹。

2 双眼皮眼褶的小范围部份，则改用指腹的最前端（如同眼影棒的前端）来上色。

3 画细部线条时，运用指腹侧边（类似尖头眼影棒），即可轻松画出细致的眼影线条。

眼影棒基本大法，画出魅惑棒棒妆

大多数的眼影盒或眼彩盘中，一定会附上粗细不同的眼影棒，或是一头圆扁、一头细尖的双头眼影棒，让你可以随着你的需求，画出大面积晕染或较为细致的眼妆。

1 使用眼影棒沾取眼影，建议先轻甩或在手背上做沾点，让眼影棒上的眼影均匀分布且不会过量。

2 当眼影棒沾染到颜色后，往往不易快速清理，需要适时清洗，否则会让眼妆色彩糊掉晕开。以眼影棒上妆时，宜选用眼影棒面积较大的那头，沾取眼影晕染整个眼窝，呈现出较柔和的眼妆。

3 若选用的眼影色彩较深，可用眼影棒的前端沾取眼影，画在睫毛根部，可让眼妆更有层次感。

4 以眼影棒的尖端，描绘拉长眼尾的线条。

5 将眼影棒上剩余的色彩，晕染描绘到下眼角。

基础眼妆关键秘诀大解析

1 将笔平拿，用眼影刷晕染眼影，以平刷方式将颜色推匀。

2 想让眼妆更具立体感，可用带点珠光的浅色系打亮眉骨。

3 以来回的方式将颜色抹匀在眼窝，切记要用指腹的前端，勿用整片指腹压在眼皮上。

4 用指腹侧边勾勒出的眼妆线条较粗，所以记得眼尾处切勿拉得过长。

5 采用眼影棒晕染下眼角时，画的方向宜从眼角往眼头，让眼尾颜色较深。

6 想创造可爱亮丽的眼妆，可用眼影棒在眼头部位轻轻沾上一点浅色眼影，就能让眼神更加明亮。

★Good Idea:

很多人总是习惯画单色眼影，担心太多的色彩，会无法画出自然的渐层晕染妆。其实画眼影就像是在画图一样，不妨大胆地多做尝试！你可以先从单色的晕染开始练习，然后再慢慢加入一到两个颜色来做变化，多试几次，就会有心得。切记：无论使用哪种彩妆工具，一定要经常保持刷具清洁（就算是徒手画，也要保持手指干净），如此才能画出层次分明的眼妆。

FINISH

第4课 让你拥有芭比的放电睫毛！

美丽基本功让你练就“梦幻睫毛妆”

打造芭比的梦幻睫毛妆，从夹睫毛、刷睫毛底膏到睫毛上色都有诀窍，横向刷法能增加睫毛的浓密度，直向刷法可让睫毛更纤长！掌握睫毛妆的重点技巧，让你拥有让人羡慕的迷人睫毛。

Step 1 让睫毛更卷翘动人

1 先将睫毛夹紧并夹住睫毛根部，微施小力将睫毛夹略为上提，轻轻略压几下，然后松开。

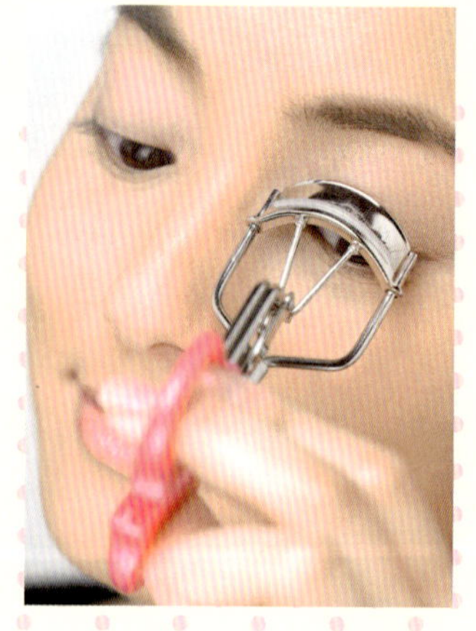

2 将睫毛夹移至睫毛中段，夹住睫毛向上提15度，再轻夹几下放开。

3 将睫毛夹移至睫毛尾端，力道稍微放轻，夹的时候手势要稍微上提，约再提高10度。

4 接近眼头的睫毛不易夹，宜将睫毛夹往鼻梁方向斜角贴近，夹住睫毛向上提高，让眼头的睫毛与中段的睫毛平行卷翘。

5 眼睛太宽的人，睫毛需分成多次轻夹。用睫毛夹将眼尾睫毛略夹紧向上提造成卷翘效果，即可完成卷翘迷人的芭比睫毛。

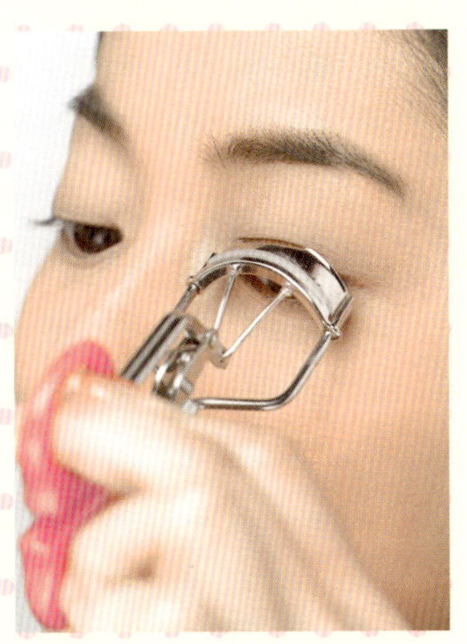

6 确认睫毛的每个角度是否需再进行调整，再加强眼尾睫毛根部让睫毛更自然立体卷翘，维持睫毛完美弧度。

Step 2 让睫毛更浓密纤长！

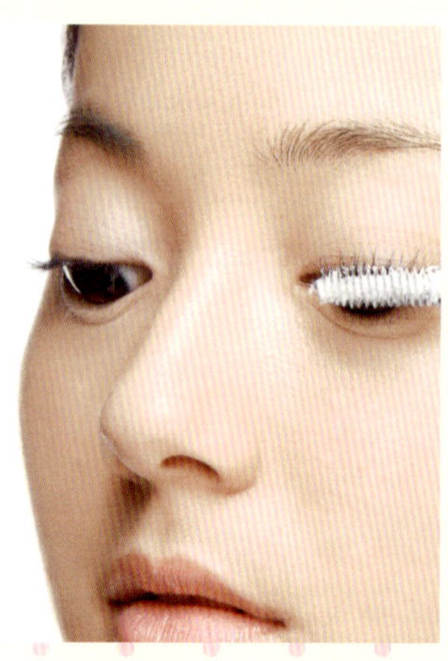

1 在刷睫毛前，先刷上一层睫毛底膏保护睫毛，同时可让浓密纤长的效果更明显。将底膏刷横拿，先刷上睫毛内侧。

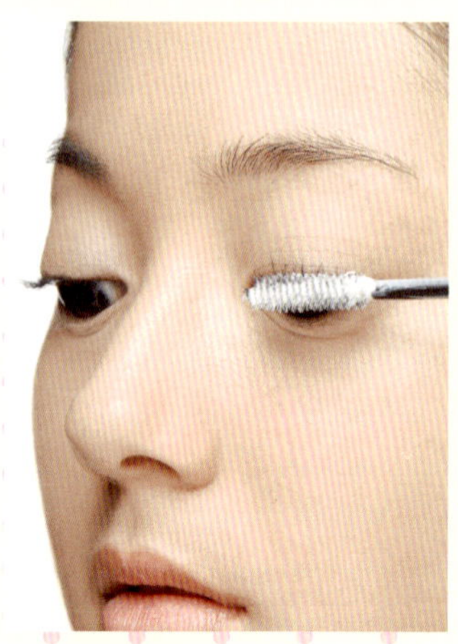

2 接着将睫毛外侧也刷上一层睫毛底膏。

3 正式为睫毛刷上颜色时，先将刷头横拿，从睫毛根部下层开始，采Z字型刷法增加浓密度。

4 顺着睫毛生长方向往上刷，并在尾端停留3秒。

5 睫毛外侧也要刷上睫毛膏，同样是由睫毛的根部，左右来回往上刷睫毛。

6 由毛根向前刷长睫毛，刷至睫毛尖端时力道要放轻，才不会将卷翘的睫毛压扁。

7 刷眼尾的睫毛时，可先用一手将上眼皮的尾端提起，能让眼尾睫毛皆沾附上睫毛膏。

8 眼头亦可用相同手法，将眼头眼皮上提，用睫毛刷前端仔细地刷匀。

创造史上超浓超密的下睫毛有妙招

有些人会说，下睫毛又短又稀疏，刷睫毛膏根本没用！事实上，只要善用睫毛底膏和不同的刷法手势，也能轻松增加下睫毛的浓密度，让眼神变得更加天真浪漫。

1 将睫毛底膏的刷棒直立着拿，以左右来回，然后向外拉长的方式刷下睫毛外侧。

2 同样将睫毛膏直拿，先针对下睫毛根部外侧，左右来回刷几次，以增加睫毛的浓密度。

3 再从下眼头的睫毛开始往眼尾慢慢移动，将下睫毛一根根通通梳开。

4 下睫毛长度刷的够长后，睫毛刷可以用横式将睫毛往下拉得更纤长。

5 以专用的螺旋睫毛刷，再将下睫毛梳理整齐干净，避免纠结沾黏。

脱妆、晕染也不怕！紧急修正照样美呆了

睫毛膏还没干，就又不小心眨了眼睛；刷睫毛时，睫毛膏沾到眼皮，弄脏了妆容时该怎么办呢？每当脸部出油、出汗，睫毛膏把眼周晕染得黑黑脏脏时，该如何补救呢？别担心，只要几个简单小步骤，立刻能把漂亮的眼妆找回来！

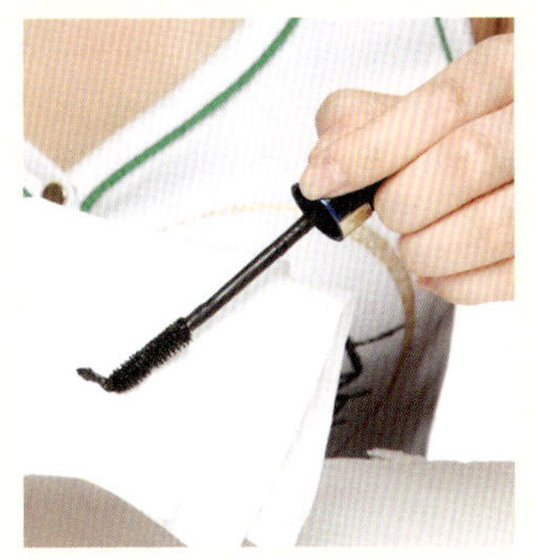

1 要避免刷睫毛膏时沾染到眼皮，在取出睫毛刷头时，最好先用面纸将刷头多余的睫毛膏擦掉一些，然后再开始刷睫毛。

2 若眼周不小心沾到睫毛膏，可用沾了清水或卸妆液的棉花棒压住脏点，然后快速旋转擦拭（切勿来回推，这样只会愈弄愈脏喔）。

3 用棉花棒沾取适合自己肤色的遮瑕膏，轻点在擦拭干净的部位。

4 再以海棉轻轻推匀即可。

5 最后用蜜粉刷沾取适量蜜粉，轻刷下眼周定妆，这样就完成晕染脱妆的补救咯。

★Good Idea:

你一定曾有过这样的经验：在姐妹淘的聚会时，听到哪款睫毛膏好用、哪款睫毛膏效果超好！可是当你兴冲冲地买到手后，却总是无法画出预期中的效果。这个问题究竟出在哪里？事实上，问题多半是出在“使用方法不正确”。刷睫毛其实非常需要耐心和细心，睫毛膏的科技再怎么进步，少了耐性和用心，还是无法完美呈现神奇效果的。

应用加强篇

Part 2

即使内双眼美眉一样可以营造出令人惊艳的放电妆。
以眼妆配刘海，无论是侧分、不规则或盖式刘海，藉由眼妆让你更有型。
眼尾更是放电的好主意！眼尾的睫毛纤长度，决定你的眼睛放电指数。
彩色眼线让你招来好桃花，人气运势持续上扬。
画个吸引人的烟熏妆，无论约会或派对，让你成为受人注目的焦点！
运用简单眼影，掌握眼线位置，就能变成超亮眼的小甜甜。

第5课

发挥你的眼型超辣魅惑力

第6课

以眼妆搭配刘海，美丽指数百分百

第7课

用你的眼尾来放电

第8课

不同场合，吸引男人目光的烟熏双瞳

第9课

拥有漫画女主角的超亮眼小诀窍

第5课 发挥你的眼型超辣魅惑力

内双眼放射电力有诀窍

拥有典雅内双眼的人，最担心画好眼妆，结果一张开眼睛就看不见色彩的窘境，don't worry，只要选择颜色饱和的眼影，透过渐层晕染的上色技巧，内双眼美眉一样可以营造出令人惊艳的放电妆！

1 以眼影刷沾取浅色眼影，从眼睛靠近睫毛根部往上晕染到眼窝处。

2 用淡咖啡色粉质眼影画在眼窝处，面对镜子直视前方，在眼窝处轻轻下压左右来回刷匀。

3 以珠光眼影打亮眉骨下方，使眼窝深邃、眉骨立体，层次更加分明。

4 运用黑色眼线笔画勾勒眼线。如果你想要表现柔和效果，可选用咖啡色眼线笔。

5 在眼头轻轻刷上白色眼影粉，让眼妆看来明亮柔和。

6 刷上睫毛膏加强眼部妆效，让眼睛更加有神。

★Good Idea:

针对眼睛不够有神的内双眼皮美眉，可透过同色系眼影，选择一深一浅上色的眼妆手法，让眼妆更出色。

FINISH

双眼皮美女的致命吸引力

得天独厚的双眼皮，一双会说话的大眼睛令人着迷，画上眼妆后更加出色诱人！然而，过多的眼妆恐会让人变得浓艳，美感大打折扣，千万要掌握好双眼皮的眼妆密技，让你的眼神更加璀璨动人！

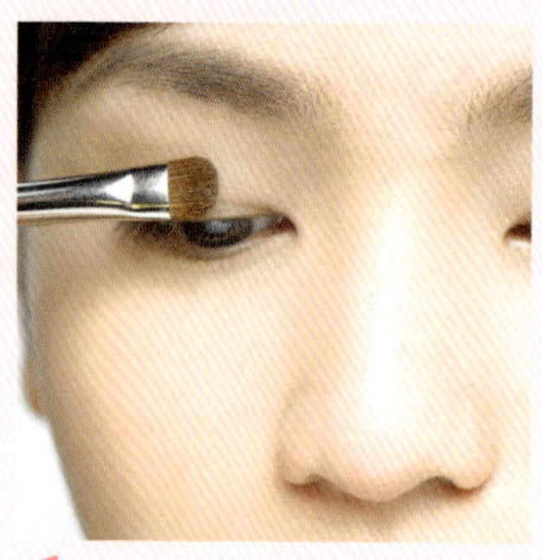

1 以眼影刷将珠光眼影晕满整个眼窝，同时可打亮暗沉的眼周肌肤。

2 再将眼影粉刷至眉骨处，将眉骨部位打亮，让眼部产生立体效果。

3 以咖啡色眼线笔从下睫毛尾端沿睫毛根部往眼头，一点点细细地画出眼线。

4 再用同色眼线笔，从眼头沿着睫毛根部画至眼尾，于眼尾勾勒向上扬的眼线，营造眼尾的媚惑力。

5 画好眼线后以棉花棒做修饰，将眼线轻轻晕开，使整体妆感显得更加自然。

6 运用睫毛膏的梳状刷头，从睫毛根部左右来回刷出根根分明、卷翘的睫毛，同时让双眼看起来更大。

★Good Idea:

若你拥有明昂的双眼皮，建议在眼影颜色的选择上以较亮的颜色为佳，眼线则不必刻意画 ，自然就好！可以更符合媚眼无邪的主题喔。

FINISH

技巧应用实例大公开

女生内双眼型的比例其实相当高，睁开眼睛时，眼影、睫毛容易内缩进眼皮中，因而被误以为是单眼皮！透过化妆技法，可以改善眼妆被淹没在眼皮内的现象。单眼皮的女生总觉得眼型过小，气势输人。有这样困扰的人，不妨透过眼妆技法来打造大眼视觉效果，让自己更明亮出色！让眼妆更加动人。双眼皮的女生往往令人羡慕，不过化妆常常一个不小心就会让眼妆显得太过犀利，建议眼影色彩最好要愈柔和愈好，眼线要自然，整体妆容才不会显得和人太有距离感。总之，无论是单眼皮、双眼皮，或是内双眼眼型的女生，只要能够掌握上色诀窍，轻松就能够化身成为风格电眼美人！

内双眼型者

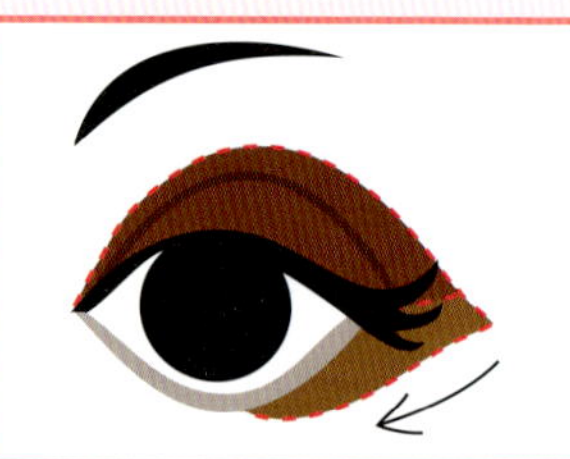

1 眼影上色范围建议控制在眼睛睁开时，他人明显可见约眼褶上方0.2公分左右，并且由眼尾往眼头方向描绘色彩；眼影色彩则以咖啡金最为自然。

2 以含有珠光的咖啡色眼影轻刷于下眼睑后1/2处，同样由眼尾往眼头描绘，眼尾三角地带也别忽略，可让眼部立体、妆容更有整体感！

3 沿着下眼睑睫毛内侧，描绘出一道黑色隐形眼线，让眼睛黑白分明，创造出动人眼神，还有放大眼睛的视觉效果。

★Good Idea:

无论你是属于哪一种眼型，在完成眼影后，别忘了搭配使用眼线及睫毛膏。透过黑色眼线液或眼线笔，在上下眼睑处描绘隐形眼线，再刷上浓密睫毛膏，可让眼珠更亮更有神，营造出更精致和具整体感的妆容。

单眼皮眼型者

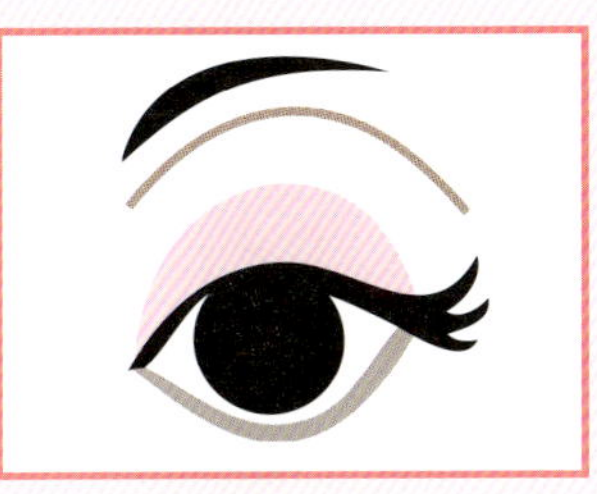

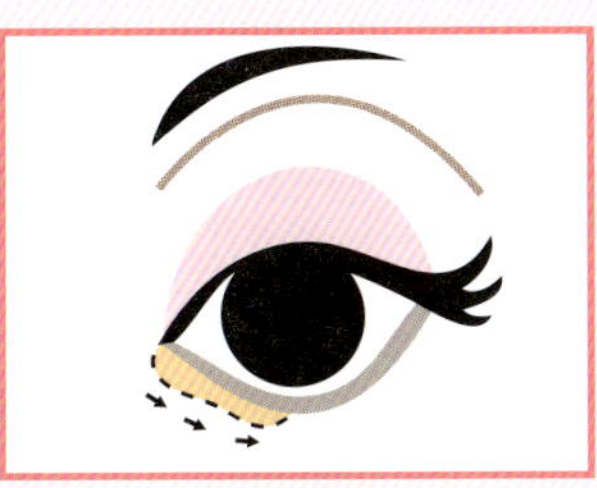

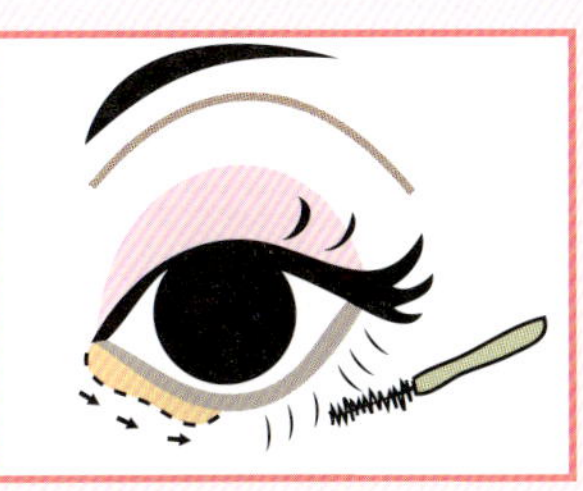

1 不建议使用深色眼影，这样反而会让眼睛看起来更小；建议透过明亮度较高眼影代替，若怕眼睛会泡肿，眼影上色范围限于眼窝之内即可。

2 针对下眼睑前段，透过珠光浅色眼影打亮，一样会让眼睛黑白分明、有放大感，加上珠光光泽会反射至瞳孔内，远看双眸立刻水汪汪！

3 画上眼线怕晕开者，可以透过睫毛膏让眼睛彷佛画上眼线般，展现深邃浓密感，关键在于从睫毛根部开始刷起，每根细节都要照顾到。

双眼皮眼型者

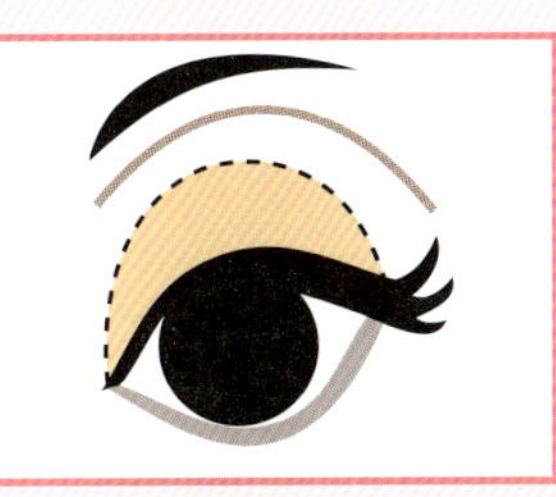

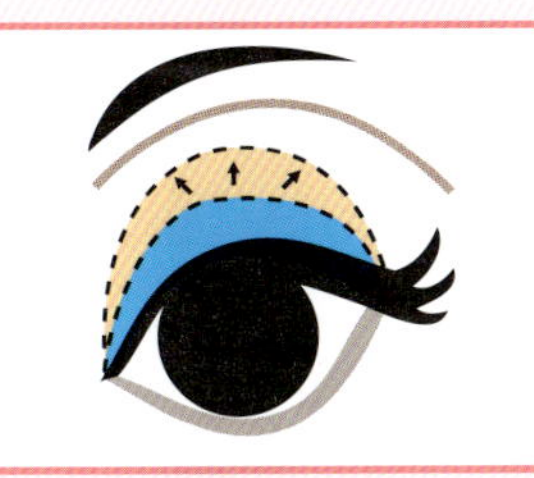

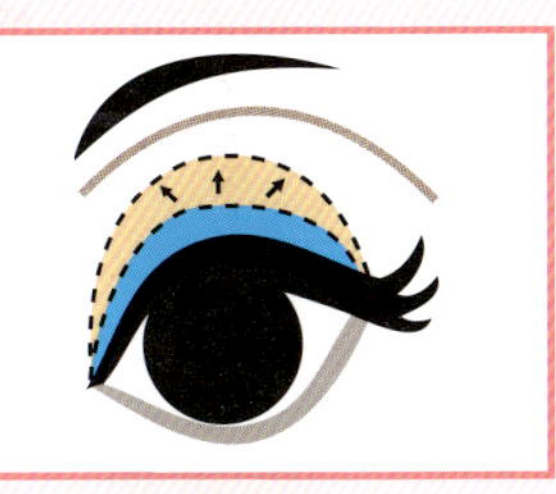

1 利用肤色、含有珠光的浅色眼影，按压于眼窝内打亮肌肤，增加后续眼妆色彩感；若是采用同色系渐层画法，就选择浅色为打底色。

2 接着使用深色眼影从眼中沿着睫毛根部，左右来回一段一段推匀上色，到达双眼皮眼褶处则可稍稍往上晕染推开，形成眼影的色彩渐层感。

3 透过黑色眼线液沿着上眼睑睫毛内侧，左右来回描绘一道黑色隐形眼线，让眼珠更漆黑，也可让妆容细致、具有整体感！

第6课 以眼妆配刘海，美丽指数百分百

侧分甜美刘海，自然烟熏妆最适合

侧分刘海、微卷发梢，再加上迷人眼妆，是甜美女孩的标准装扮！将刘海大胆地采用8：2分边，搭配圆弧画法的烟熏妆，透过轻掩眼尾的发丝，魅惑的眼神散发甜美又性感的味道。

1 选用带有光泽感的绿色眼影粉，刷满眼窝位置，再用眼影刷刷匀，记得不可画到眉骨处。

2 藉由手指的温度，左右推匀眼窝处的眼影，让色彩堆叠显得自然，眼妆更显柔和服贴。

3 在眉骨刷上米黄色眼影，再仔细地于眼窝处画出层次感。

4 在眼头部位刷上些许亮色眼影，往后晕染，呈现出自然立体的眼妆效果。

刘海的分线过于居中，而且太过服贴头型，因此显得有点呆板。若想表现眼妆，可尝试8：2的分边刘海，即可增添时尚美感。

★Good Idea:

选择打亮眉骨的眼影，避免用过于表现金属感的眼影，这样的眼影附着力不够，在上妆之后容易造成色块堆积，容易掉落，而无法画出自然的烟熏妆。

FINISH

不规则个性刘海，冷调烟熏妆超抢眼

不规则的刘海线条，往往可以呈现出引人注目的时尚感。为了让眼妆在不规则的个性刘海中更有型，画个冷调烟熏妆是好方法，与个性刘海超搭的冷调烟熏妆，让美眉在人群中更出色。

1 以眼影刷沾取紫色眼影，从黑眼珠的中心点往上晕染到眼窝处。

2 将同色眼影由后往前刷，与先前画好的眼影相衔接。

3 将同色系的眼影由眼头往后与先前的眼影相衔接。

4 在眼窝处左右来回轻轻地将眼影晕染开来。

发型后梳造成整个额头外露，暴露出紊乱的发际线，尽显缺点。可尝试不规则刘海让脸部线条更加有个性，同时以冷调烟熏妆创造出摩登女孩的酷味。

★Good Idea:

如何成为有个性的美眉？可选择黑、灰、紫、蓝的眼影，或带灰的色彩。

FINISH

复古盖式刘海，夸张线条眼妆迷死人

剪了刘海如果没有化妆，会显得整个人很没有精神！当你进一步尝试复古刘海造型时，当然更需要强烈的眼妆来加以配合。

1 以眼影刷先用白色膏状眼影画满整个眼窝，晕画开后，再叠上浅色粉质眼影，让眼彩显得更为饱和。

2 想要有复古感觉，你可选用黑色眼线液画眼线，从眼头画到眼尾处。

3 当画到眼尾处时记得轻轻往上提拉0.3～0.5cm，让双眼更加细长。

4 再用眼线液修饰眼尾线条，让眼线看起来自然柔顺。

刘海线条不够顺畅，导致整体欠缺特色。以复古盖式刘海增添柔美的女人味，再运用夸张的眼线眼妆强化魅惑感，复古的刘海借着夸张的眼线呈现出既对比又协调的整体时尚感。

★Good Idea:

彩妆初学者若是想要画出充满魅惑感的眼线，所使用的眼线液可说是关键！建议在使用眼线液之前，可以先将产品试画在手背上，了解刷毛的软硬度，以及墨水分布的均匀度和画出来的线条感。

FINISH

第7课 用你的眼尾来放电！

眼尾假睫毛的诱惑能量超高

眼睛的放电指数，来自于眼尾的睫毛纤长度，想要做个诱惑能量超高的电眼美眉，就要懂得运用眼尾假睫毛，是增进桃花运势最有效的方法。

1 种假睫毛前一定要先画眼线。首先，在睫毛根部先用黑色眼线笔画上眼线，遮住睫毛之间的空隙。

2 用黑色睫毛膏先刷过上睫毛，加强睫毛硬度，好支撑假睫毛的重量。

3 以剪刀剪下两小撮假睫毛，一小撮一小撮地黏在眼尾睫毛中（强调眼尾睫毛的魅惑妆效，无须戴上整排睫毛。

4 用镊子夹住一小撮假睫毛，轻轻种在睫毛最尾端，记得选假睫毛时将长度剪得比原来睫毛还要长0.5cm，如此可呈现拉长眼型的效果。

5 再夹一撮假睫毛种在第一撮睫毛前约0.5cm的位置，让睫毛后段呈现出加长卷翘的弧度。

6 用手指将眼皮轻轻提拉，另一手直握睫毛膏，将真假睫毛梳在一起，让睫毛看起来更加自然有神。

★Good Idea:

种眼尾假睫毛一定要先画眼线打底，才不会显现真假睫毛间的空隙。此外，为了让眼睛看起来更加充满魅惑感，可选用明亮度较高的眼影画在眼窝，与浓密的睫毛互相辉映。

FINISH

上扬的彩色眼线让运势跟着上扬

彩色眼线可以增加彩妆上的创意，只要掌握诀窍就能画出迷人的妆效。如果你渴望在彩妆上尝试新花样，彩色眼线可以让你的眼妆更加亮眼。

1 刷上薄薄一层明亮度高的浅色眼影于眼窝处打底，增添眼部明亮感；当然你也可用指腹来修饰眼皮上的眼影。

2 用珠光眼影打亮眉骨下方，以眼影刷晕染，让眼妆更加柔和自然。

3 以带有亮泽感的蓝色眼线液，顺着眼头开始描绘眼线。

4 再用同质地的绿色眼线液，接着蓝色眼线的眼尾处，仔细描绘尾端线条再往上轻扬。

5 用眉笔将眉峰仔细描绘地圆润些，再用眉笔的细长笔尖拉长延伸眉尾，让眉型更出色。

6 刷上具有浓密效果的睫毛膏后，再用睫毛夹将睫毛分段夹翘，呈现出自然卷翘的弧度，同时也能避免不小心夹断脆弱的睫毛。

★Good Idea:

通常具有高彩度的彩色眼线液，多半不太好卸除。在卸妆时，建议使用眼唇专用的卸妆产品，可减少反复擦拭的卸妆动作，避免过度刺激眼周肌肤。

FINISH

第8课 不同场合，吸引男人的烟熏双瞳

约会时，让你的男人对你目不转睛

要在约会时让男人对你目不转睛，浓淡合宜的眼妆既得体又迷人。透过层叠晕染的方式，让眼神更加动人，让他的心思完全停留在你身上。

1 利用眼影刷沾取粉红色眼影，从睫毛根部往上刷至眉骨，营造出俏丽大方的眼妆底色。

2 选用紫色眼影从睫毛根部往上晕染，与先前画上的粉红色眼影交叠。

3 沿着睫毛根部画上黑色的眼线，表现出黑与紫的渐层感。

4 用手指提拉眼皮，以眼线笔的笔尖轻触内眼睑，左右来回画上眼线，补满空隙，可让眼睛看起来更大。

5 以银色眼线笔打亮眼头到眼睛三分之一的位置。

6 在下眼睑内侧画上黑色眼线，让眼睛的轮廓线条更分明。

★Good Idea:

由于这个眼妆看起来会显得较神秘感，不妨可用粉色系的腮红，让整个妆感更柔和甜美。选择具有丰润感的唇蜜可让你更洋溢青春气息。

FINISH

派对中，你就是全场最闪亮的焦点

在派对昏暗的灯光下，想让你的彩妆也有抢眼的表现，你可选择较深的眼影画出时尚烟熏妆，加强轮廓的立体感，让你的眼睛更深邃！

1 以蓝黑色系的眼影画在眼窝内。

2 再用眼影刷将眼影左右来回晕染开来。

3 直握眼线笔，以蓝黑色眼线笔画在睫毛根部，以笔尖轻轻地左右来回刷上，画到接近眼头处。

4 再以眼影棒沾取亮色珠光眼影，从下眼头往后晕染开，与蓝黑色眼影相接。

5 用梳状睫毛膏刷出根根分明的睫毛。

★Good Idea:

打造这款让你在派对受人瞩目的闪亮烟熏妆，有一个重要关键，切记：眼影要具有光泽感，尤其色彩饱和度要高！使用含有微带珠光的蜜粉，能让你的肤色显得更加透亮干净。

FINISH

第9课 拥有漫画女主角的超亮眼小诀窍

只要用简单眼影就能让你眼睛变亮

透过上眼皮的化妆技巧，掌握眼影上色的位置，即可轻松塑造双眼放大的视觉效果，让你成为亮眼的漫画女主角。

1 用珠光白色的眼影从眼头前的凹处往后晕染打亮整个眼窝。

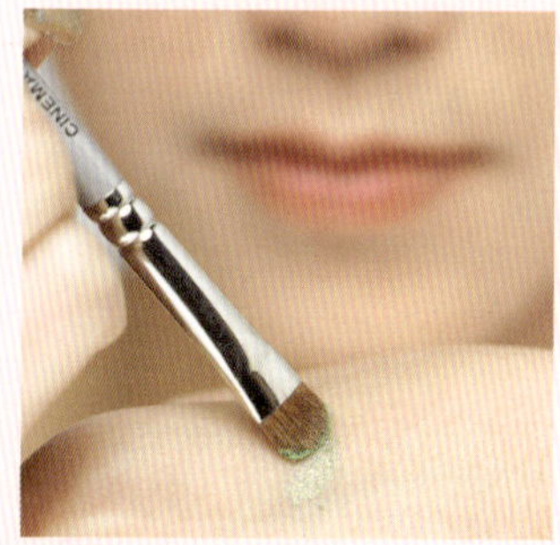

2 以眼影刷沾取少许淡绿色亮粉刷在手背上，用手背温度调匀，然后再刷在眼皮上。

3 将淡绿色亮粉刷在眼尾三分之一处，自然晕染。

4 黑色眼线可以彰显淡色眼影。将中段的眼线加粗，会让眼睛看起来更圆更亮。

5 下眼睑可选用米黄色珠光眼影粉，以眼影刷沾取画上，从眼尾慢慢往前刷。

6 选用白色眼影粉轻轻平刷下眼头四分之一处，由前往后晕染，可让眼睛瞬间有神。

★Good Idea:

淡色眼影时，画上黑色的眼线可以让眼妆更有神、更加明亮！

FINISH

掌握眼线位置让你立即变身大眼妹

以眼影用平刷的方式刷满整个眼窝，用眼线笔在接近睫毛根部从眼头画至眼尾，掌握眼线位置，让你立刻变成超级电眼大美人。

1 以眼影刷沾取淡绿色的珠光眼影，用平刷的方式刷满整个眼窝。

2 用蓝色的眼线笔，在接近睫毛根部的眼皮位置，从眼头画至眼尾。

3 再用同色的眼线笔涂满下眼睑。

4 再用白色的眼线笔从眼头晕染，创造出立体的视觉效果。

5 双眼变大的另一重点是将睫毛夹翘后，先用浓密型睫毛膏刷上睫毛，再用纤长型睫毛膏加强眼尾睫毛的长度。

6 直握睫毛膏左右来回刷拭下睫毛，让眼睛变得更大更亮眼。

★Good Idea:

选用浅色系的眼影与深色的眼线笔可创造出大眼的效果，如浅绿色眼影能展现双眼气质，深蓝色眼线描绘出眼型轮廓，让你在色彩和线条的组合中，立即拥有明媚大眼！

FINISH

高阶秘技篇

想要变身成闪亮眼妆无敌美少女，珠光闪亮眼妆一次搞定。
水嫩光泽的唇蜜，也能用在眼妆上；透过技巧让妆效更平衡，让眼睛亮起来。
做个超魅惑奢华野性大美人，只要咖啡金跟蓝色眼影就能变得魅惑奢华超野！
运用单色眼影，轻松就能打造出闪闪动人的诱惑眼妆。
古小伟要你大胆玩色！色彩的多方尝试可让眼妆更灵活，激发更多灵感与创意。
假睫毛是改造眼妆的最佳华丽性感配件，探索假睫毛的华丽性感带，
羽毛、亮片和水钻，启动你双眼的超性感能量！

第10课

闪亮眼妆魅力超诱人

第11课

诱惑眼妆大胆又好色

第12课

玩出假睫毛的华丽性感带

第10课 闪亮眼妆魅力超诱人

让你变身成闪亮眼妆无敌美少女

珠光闪亮眼妆最适合各种场合，低调又奢华的色彩展现优雅又迷人的韵味，略带点成熟又像少女的气质，让你成为闪亮无敌青春美少女。

1 透过眼影刷从眼头凹处，大面积刷上一层肤金色的眼影粉，将整个眼窝处刷满，打上自然的立体亮感。

2 用眼影刷以平刷的方式将眉骨下方打亮；若担心亮粉过多，可再用刷子刷淡。

3 为使眼睛轮廓突显，可用黑色眼线笔尖，慢慢自睫毛根部从眼头刷至眼尾，然后再顺过一次眼线。

4 用干净棉花棒将眼线晕染开来，去除较刚硬的线条，使眼线变得柔和又明显。

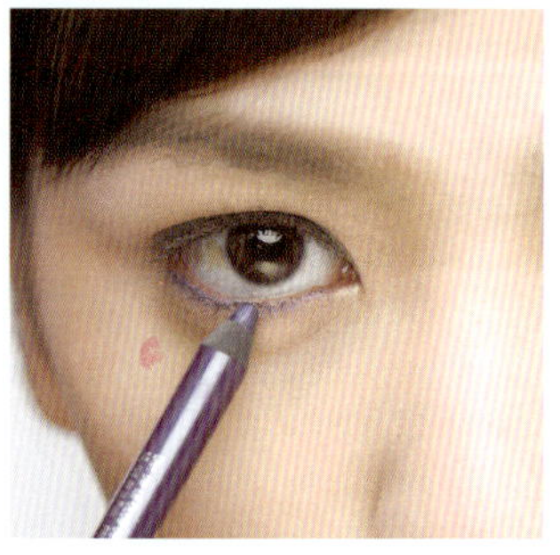

5 用炫光紫色眼线笔从眼尾自然往前画，以笔尖点压至靠近眼头，加强眼线，做出双层叠色的效果。

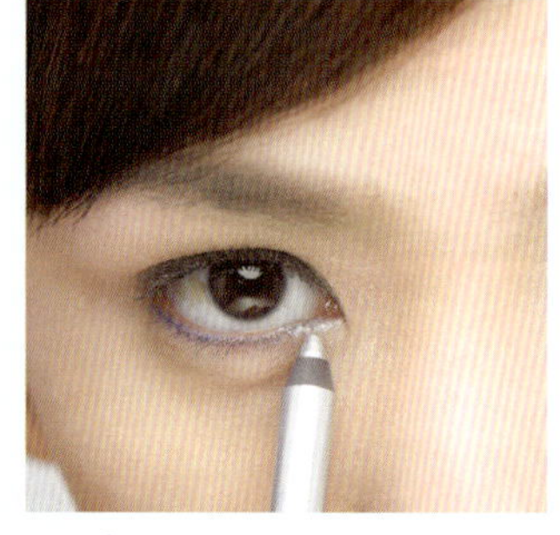

6 以炫光银色眼线笔画在下眼头前四分之一处，将眼头部位做打亮，让眼睛呈现放大并闪烁的特色。

★Good Idea:

珠光的柔和效果与各种眼影都能呈现出极佳效果，就算只画眼线，也能表现出明媚眼神。但如果你的眼睛是天生泡泡眼，一定要上眼线，让双眼轮廓更深邃。

FINISH

星空眼妆，让你双眼魅力四射

烟熏妆透过银色亮片装饰，让眼周亮眼起来！平衡你的眼妆妆感，让整体妆容更加充满层次感。

1 以黑色眼线笔沿着睫毛根部描绘出一条略粗的眼线，从眼头开始到眼尾三分之一处就顺势收起。

2 用黑色眼线笔沿着眼线往上描绘至双眼皮眼褶边缘，形成一道较粗的黑色眼线。

3 以眼影刷沾取黑色粉质眼影，从睫毛根部开始刷起，并渐渐往上晕染至眼窝上，形成柔和有层次的眼妆。

4 用黑色眼线笔沿着下眼睑睫毛根部，由眼尾画到近眼头二分之一处，再叠上黑色眼影粉，加强眼线立体妆效。

5 截取适当的假睫毛宽度，先从睫毛的中间部位黏起，再黏眼头与眼尾两处的假睫毛，可让眼睛更有神采。

6 选择较大的亮片，一小段一小段沿着眉尾、眼角形成的侧面三角区域按压至肌肤上。

★Good Idea:

当眼妆过重时，没带假睫毛就无法产生立体感。上妆前应考虑到选择的亮片材质、大小及颜色。闪亮的亮片材质要平滑才不伤肌肤，亮片大小及亮度会影响眼妆效果，亮片颜色愈亮，愈能显现出眼影的层次。

FINISH

水漾凝眸让你双眼漂亮水当当

水嫩光泽的唇蜜，也可以用在眼妆的表现上。水彩膏状的眼影，呈现出与粉质眼彩完全不同的妆感，令人惊艳！天蓝搭配嫩绿让眼妆更活泼，再加上甜美性感的娇俏樱唇，让你美得真水。

1 以眼影刷大面积刷上一层天空蓝的膏状眼影于眼窝处，增添眼部明亮感，上色务必均匀。

2 将眼影刷换成眼线刷，于双眼皮眼褶内描绘出一道粉嫩绿的夸张眼线，到眼尾稍稍提高为上扬线条。

3 蓝色眼影的边缘尾端，要以眼影棉棒左右轻轻晕染，修饰并增添眼妆的层次。

4 以指腹沾取透明唇蜜或唇彩，轻轻的均匀涂抹于膏状眼彩上层，让眼妆呈现水亮润泽的动人神采。

★Good Idea:

水彩膏状眼影，能呈现出与粉质眼彩不同的饱和妆感，非常适合强调颜色的眼妆使用。购买产品时可先试推于手背上，检视其颜色是否饱合？可否均匀显色？最好也在眼皮上试试，感受质地是否服贴为佳。

FINISH

第11课 诱惑眼妆大胆又好色

做个超魅惑奢华野性大美人

没有繁复的眼妆用色，仅以咖啡金色跟蓝色的眼影创造出超魅惑奢华的野性眼妆，传递出眼部的无限妩媚神韵。

1 蓝色眼影从眼头晕染至眼窝中段处，眼影刷逐渐刷开呈现柔和层次，让色彩不会看来过于强烈。

2 后半部选用咖啡金色眼影，从眼尾向眼窝处往前刷开，与蓝色眼影边缘处交叠。

3 用黑色眼线笔，画至眼尾处再向上拉长0.5cm，使眼睛看来拉长，展现个性化轮廓。

4 下眼睑扫上咖啡金眼影，眼尾连结到上眼线部份，自然地轻刷晕开眼影，均匀分布在眼尾上。

5 用自然型的假睫毛修剪出适合眼型的宽度，再沾睫毛胶一点一点地黏在靠近睫毛的最根部。

6 刷上具有浓纤效果的睫毛膏，将真假睫毛混合一起再刷开，呈现自然扇状的卷翘效果。

★Good Idea:

建议假睫毛沾上睫毛胶后，等 5 秒后再黏到睫毛近根部才会最自然，再刷上睫毛膏。

FINISH

双眼闪动诱惑眼光独门技法

虽然只运用单一色调眼影，但因眼影散发出的金属色泽，轻松即可打造出双眼闪动诱惑的眼妆。无论大、小眼型或是单、双眼皮的人，都可以动手尝试。

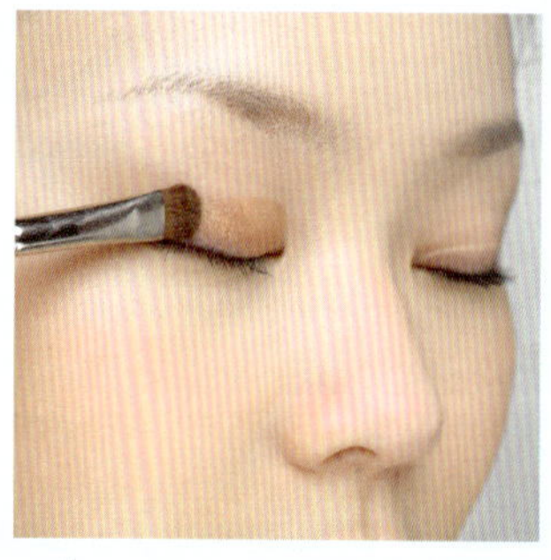

1 用眼影刷沾取些许金色亮粉，从睫毛根部往上均匀地刷到眼窝。

2 取适量的亮粉，从眉毛下方的眼凹处画满至眼头位置，来回刷晕染亮粉。

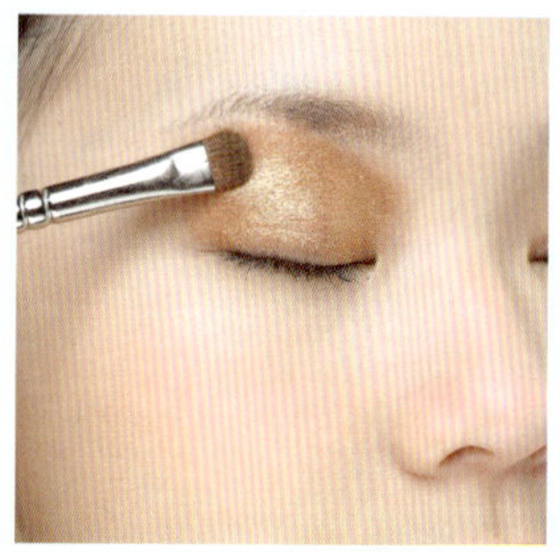

3 沾取亮粉由眼窝画到眉骨下方，眉骨下方亮粉不用太多，适度打亮即可。

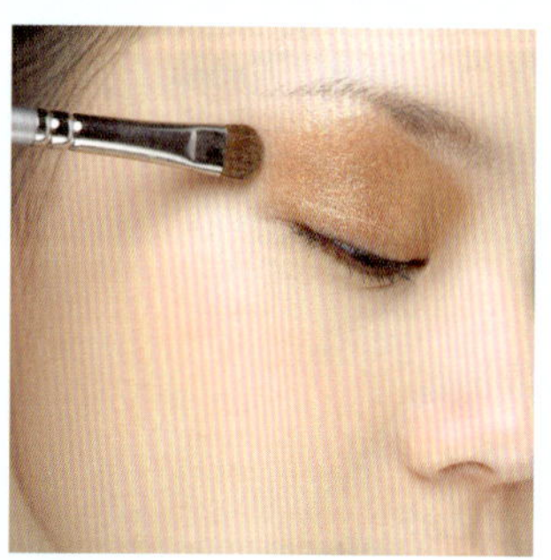

4 用干净的笔刷在边缘晕染开来。

5 斜握黑色眼线笔，沿着上睫毛根部描绘眼线至眼尾处，加粗眼褶中段的位置，让眼睛看来有放大的视觉效果。

6 下眼睑画眼线的重点是：呈现出立体的眼框，转移亮粉的视觉焦点。

★Good Idea:

透过眼线笔和睫毛膏，可让上了亮粉的眼睛看起来更有神韵。

FINISH

秀出眼妆大胆玩眼色

你可尽情在眼周运用各式各样的色彩，多方尝试让眼妆更加灵活，有助于激发彩妆的创意与热情。秀出你的大胆眼妆，让你玩色更出色！

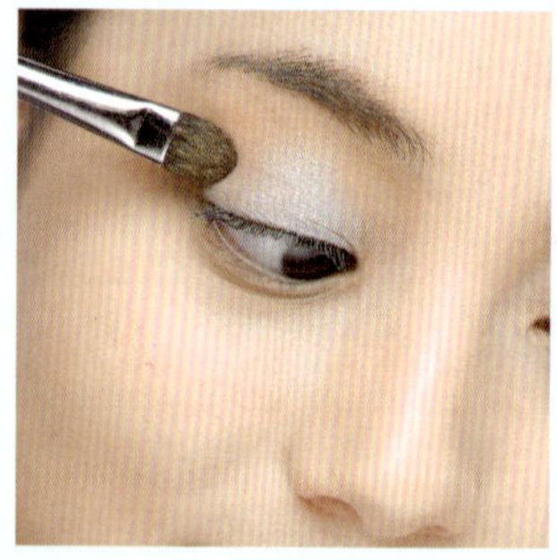

1 从眼头往眼窝中间二分之一处，刷上薄薄一层浅色眼影于上眼皮前段，慢慢刷色，让眼彩更显饱和。

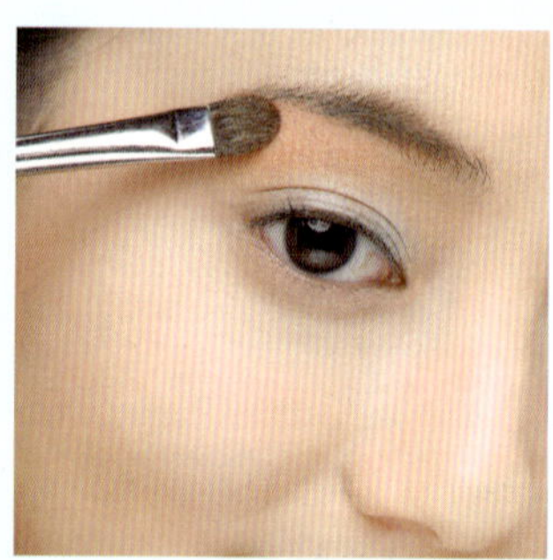

2 上眼皮后半段则刷上橘色眼影，延伸至眉骨，再轻刷淡化眉骨那块色彩。

3 以眼影刷沾取紫色眼影，从后眼角晕染至眼窝中段，来回地晕开。

4 用珠光绿的眼线笔从眼头画至眼尾。

5 用紫色眼影粉沿着下眼睑睫毛内缘刷开，让你的眼神闪动间更显明亮。

6 用孔雀蓝色调的眼线笔沿着下眼框，从眼头画到眼尾，画出大胆眼妆。

★Good Idea:

善用眼影与眼线笔，眼妆就等于画好了一半！透过眼影多层次画法，即可营造出妩媚眼神！

FINISH

第12课 玩出假睫毛的华丽性感带

擅用假睫毛让你珠光闪耀动人

假睫毛是改造眼妆的最佳华丽性感配件，透过带有水钻的假睫毛，玩出众人瞩目的奢华电眼。

1

沾取含有不同光泽的亮片眼影，由眼皮中间往左右两侧均匀推开，直到眼彩充满整个眼窝。

2

用黑色眼线笔自眼头沿着睫毛根部画至眼尾。

3

以手指提拉眼皮，用黑色眼线笔轻轻在内眼睑画上眼线，左右来回画满眼睑填满睫毛间的空隙。

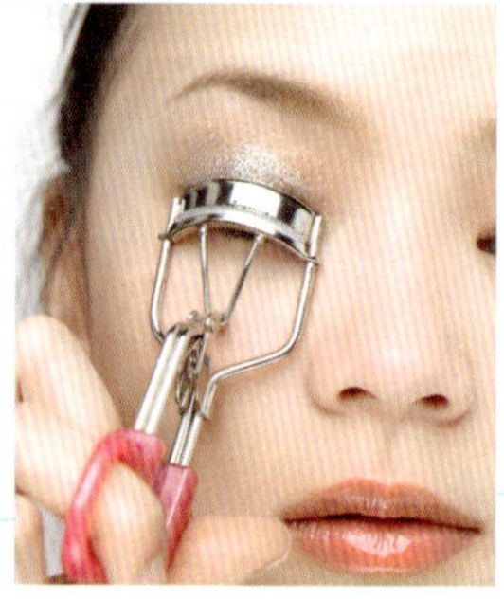

4

画睫毛前，宜先用睫毛夹来夹翘睫毛，好让真假睫毛看来都一样卷翘，避免参差不齐。

5 用浓密型睫毛膏刷睫毛，使睫毛变硬变卷翘，让真睫毛更能支撑假睫毛的重量。

6 挑选一对比平常使用长度再长一点的假睫毛，将水钻以顺着睫毛的弧度，黏贴于假睫毛上。

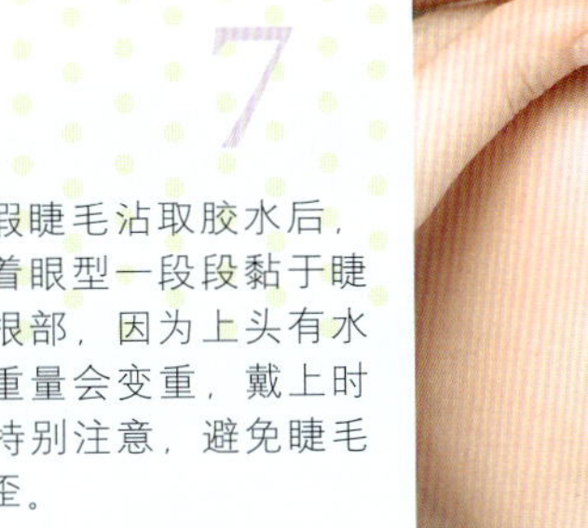

7 将假睫毛沾取胶水后，顺着眼型一段段黏于睫毛根部，因为上头有水钻重量会变重，戴上时要特别注意，避免睫毛黏歪。

8 以直立式将真假睫毛刷拭在一起，让睫毛呈现夸大又立体的效果。

适合创意玩妆时所使用的水钻或透明珠子，不可过大或过重，避免假睫毛塌掉下来，以适当的间隔去排列，可创造许多不同的妆效感觉。

FINISH

魅力双眼启动你的性感能量

羽毛和亮片，眼妆极尽夸张的同时，也不失优雅美感！更藉由上下睫毛所布满的点点亮片，让眼波流转间，如同一朵娇艳的花儿，绽放无限光采。

1

沾取灰绿色眼影于整个眼窝处均匀上色，透过眼影刷的效果让眼影停在眉骨与眼尾的眼窝，再往前至眼头处晕染。

2

用黑色眼线笔沿着睫毛根部描绘出上眼线后，再顺着充满灰绿色眼影的眼窝边缘，同样以眼线笔勾勒出明显边线。

3 顺着眼窝上缘向眼头方向画出扇形线条，画出眼窝框线，这步骤需要控制好手劲。

4 以黑色眼线笔沿着下睫毛根部描绘至眼尾三分之二处，要想在强烈眼影中突显双眼，就要在眼线上格外下功夫。

5 再分别选出整排上下部位的假睫毛，不用特别一根根修剪黏贴，一整排的假睫毛可一次分段黏贴完成。

6 可找极具创意的假睫毛，如带有红色长羽的上睫毛，黏好后再刷上具有浓密效果的睫毛膏，并且务必从睫毛根部刷起。

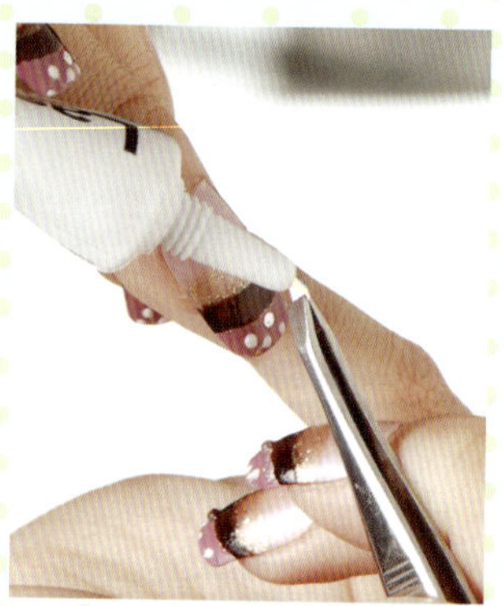

7 一手以镊子固定银色亮片，另一手按压假睫毛胶水，将其沾附于亮片背面，制造出黏性后，准备贴于假睫毛上。

8 从下睫毛开始贴上银色亮片，轮流交错贴于睫毛顶端或中段，产生层次美感后，再重复黏贴亮片于上睫毛。

★Good Idea:

想要让亮片眼妆极尽夸张、如舞台效果的妆感，可以使用面积大、反光力强的亮片，并且要注意亮片重量不能太重，以免沾黏于假睫毛上时，影响假睫毛的弧度。

FINISH

具修饰效果的自然眼妆

Part 4

学会了各种眼妆技巧，只要善加运用，也可以利用各式技巧，
画出极具时尚感的自然眼妆，同时达到修饰眼型的效果。
点缀在睫毛根部的隐形眼线与珠光白色眼影，创造深邃迷人的眼神。
黑色与白色眼线互相搭配，让双瞳黑白分明，清澈明亮。
将明显的眼线略微晕开，勾勒出更清楚的眼部轮廓，让双眼立刻放大。

第13课

让眼睛散发简单的自然魅力

让眼神更深邃

创造眼神明亮魅力

立刻放大眼部轮廓

第13课 让眼睛散发简单的自然魅力

让眼神更深邃的隐形眼线妆

想要让眼神更深邃、更神秘，不一定非得大费周章，只要简单的几个步骤，掌握关键性技巧，就可以利用若有似无的眼妆妆效，创造眼睛的深邃立体感。

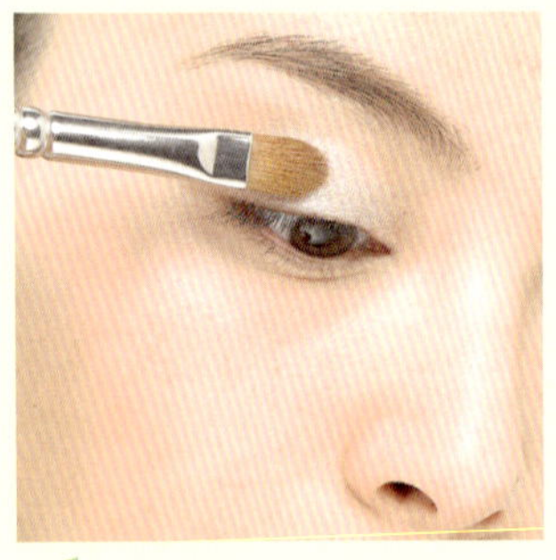

1 将带珠光效果的白色眼影轻轻刷在上眼褶处，范围不要超过眼窝，以免眼皮看来浮肿。

2 同样将白色珠光眼影刷在眉骨处打亮，让眉骨的白色珠光与眼窝的自然肤色产生对比，创造出立体效果。

3 将眼皮轻轻往上拉，用黑色眼线笔，在睫毛根部缝隙中以点画的方式，从眼尾到眼中黑眼珠的位置，描绘出眼线。

4 继续从眼中到眼头描绘眼线，可以比刚刚眼尾到眼中的眼线更细一点。

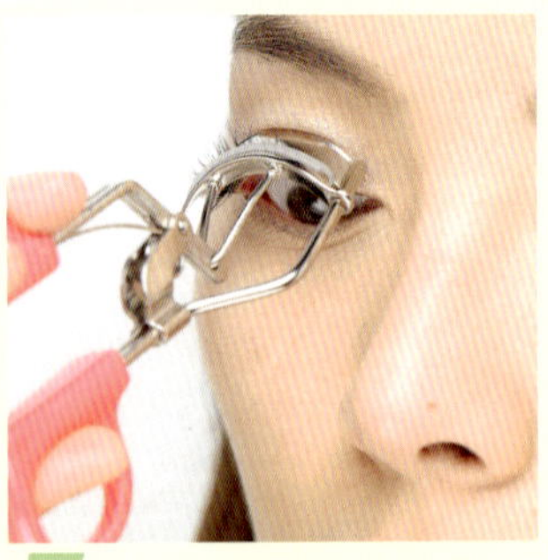

5 以睫毛夹从睫毛根部往外分三段夹翘，在夹最尾端时，可以将睫毛夹往上提高约30度，增加睫毛卷翘度。

6 利用强调根根分明效果的睫毛膏，从睫毛根部轻轻刷上一层，创造自然清新的睫毛妆效。

★Good Idea:

这种眼妆适合眼窝不明显的女生，在使用白色珠光眼影时要特别注意避开眼窝，利用眉骨、眼褶处的珠光和眼窝处的自然肤色，创造对比立体效果，让眼窝更深邃明显。

FINISH

创造眼神明亮魅力的自然下眼线妆

也许你有一双大眼，也有明显立体的双眼皮，但总觉得眼睛不够明亮有神，不妨利用自然晕开的上眼线与隐约的白色下眼线，勾勒出眼睛的迷人轮廓，让眼神更清澈明亮。

1 以低调的米色或肤色粉质眼影，涂满整个眼褶与眼窝处，眉骨也同样以眼影打亮。

2 以棕色眼线笔从眼头到眼尾，画出较粗的上眼线，让上眼线比较明显。

3 以棕色眼影画在眼线上，让眼线有晕开的自然效果。

4 再以黑色眼线笔在眼中到眼尾处画上一道黑色眼线，以棉花棒轻轻将眼线边缘晕开，效果更自然。

5 夹完睫毛后，刷上具有浓密效果的睫毛膏，可选用梳子状的睫毛膏多刷几层，让睫毛较明显又不至于纠结。

6 在下眼睑内侧画上白色眼线，让眼神清澈明亮。

★Good Idea:

这种眼妆适合双眼皮较深的女生，利用上下眼线交互呼应，可以改善双眼皮过重的垂坠感。搭配上粉嫩的腮红，更可以呈现出明媚动人的妆效。

FINISH

强调上下眼线，立刻放大眼部轮廓

如果你是眯眯眼美女，或是有眼尾下垂的困扰，不妨学学如何利用明显的上下眼线，让眼睛轮廓立刻放大，也可以轻松修饰眼型。

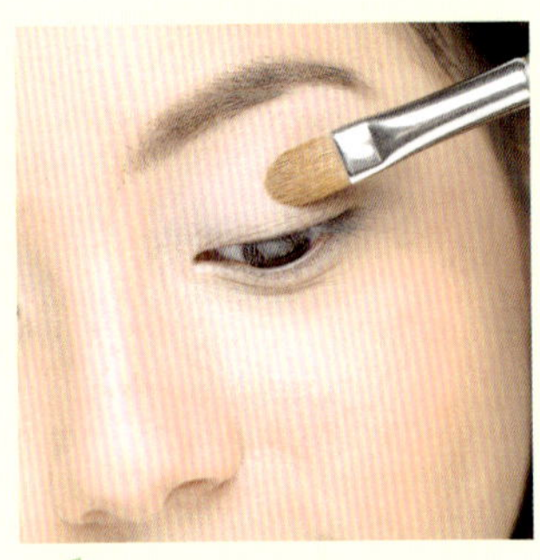

1 以粉质的淡粉色或粉肤色眼影在眼褶及眼窝处刷上一层。

2 以笔芯较软的眼线笔，先在手背上画两下，让笔尖较钝后，再画上线条略粗的上眼线。

3 以棉花棒将上眼线边缘晕开。

4 从眼尾往眼头方向描绘出下眼线，长度约占眼睛的1/2。

5 同样利用棉花棒将下眼线边缘晕开。

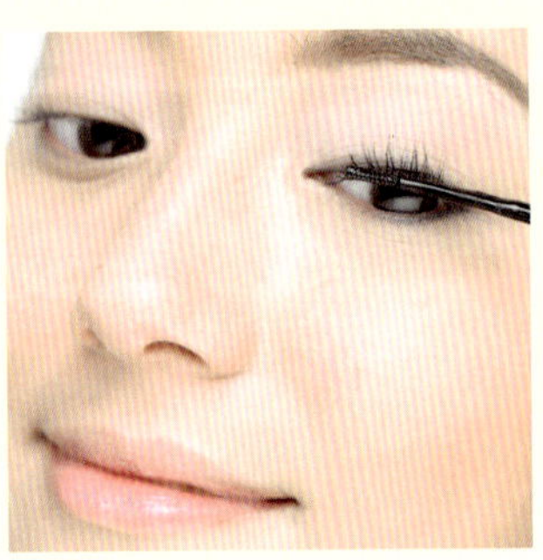

6 刷上一层纤长睫毛膏，让眼神更有活力。

★Good Idea:
如果有眼尾下垂的困扰，上眼线尾端可略微上扬，而下眼线尾端也要尽量往上拉，这样便能达到修饰眼型的效果。

FINISH

第14课 净白肤色，完美日夜妆

六步骤保养，让彩妆更服贴

昨晚没睡好，早上起来发现肌肤黯淡无光，担心等等上妆后彩妆不服贴吗？先别急，耐住性子把妆前保养步骤彻底做好，只要选用对的保养产品，就能快速有效改善上妆前的肌肤状况。

2

喷上化妆水，轻轻拍打按摩，让美白成分渗透到肌肤底层，也为后续的妆前保养做好准备。

3

敷上美白面膜，十五分钟后取下，再轻轻按摩，让面膜上的精华液完全被肌肤吸收，让疲惫的肌肤重现透亮光采。

1

以具有美白效果的洁颜慕丝按摩洗净脸部，清洁的同时，也唤醒沉睡一夜的肌肤。

第14课

净白肤色，完美日夜妆

第15课

要点小心机，彩妆魅力一百分

整体妆容实际运用

Part 5

画好眼妆是画龙点睛，也要学会如何和其它部位的妆效互相搭配，
才能创造出超完美整体彩妆。
想要妆效服贴又持久，完整精致的妆前保养是绝对少不了的，
一个步骤一个步骤慢慢地做好妆前保养，让彩妆效果更完美。
有了好肤质，只要几个简单的点缀妆效，无瑕的裸妆妆感，让你清新迷人。
从白天的典雅淡妆到夜晚的华丽妆容，其实只要三个步骤就可以搞定，比你想象的更简单。
学会心机彩妆技巧，无论你喜欢粉嫩妆感、神秘的蓝紫色眼妆或是华丽的金色眼影，
都可以轻松上手，随心所欲地运用。

4 清爽的美白乳液，能让肌肤迅速吸收，同时锁住保养成分，让肌肤水嫩明亮。

5 擦上具有冰镇舒缓效果的眼胶，让浮肿的眼周获得改善，微凉舒适的触感，让眼周肌肤立刻充满活力。

6 最后擦上具有美白功效的UV40 PA+++润色隔离霜，不仅隔绝外在伤害，也为底妆做好完美准备。

古小伟推荐
COSMENCE Professeur Christine Poleman
妆前保养系列
光透净白洁颜慕丝：
温和去除黯沉角质，让肌肤柔嫩光滑。
光透净白保湿隔离霜：
具美白、保湿、防御三重功效的隔离霜，上妆前一定要用。
冰镇舒缓眼胶：
冰块般的清凉柔润质地，能瞬间唤醒并舒缓眼周肌肤。
光透净白柔肤乳液：
强效保湿，锁住美白成分，让肤色均匀透明。
光透净白美妍面膜：
完整丰富的美白成分，立即让肌肤水嫩明亮。
光透净白化妆水：
有效调理净化肌肤，让肌肤清澈透明。
COSMENCE
Hydraphorie
Yeux
CRISTE MARINE
Professeur
Christine Poelman
WHITE LOCK

无油轻盈粉底液：
轻盈薄透且服贴，创造像没上妆般的自然好肤质。
3D立体卷翘睫毛膏：
轻轻刷上一层，让眼睛更闪亮动人。
古小伟推荐
裸妆必备agnès b.彩妆品
珍珠明亮造型霜：
打亮T字部位，强调脸部立体感。
珍珠光特效眼影：
细致的光泽能为眼睛带来明亮光采。
经典眼线笔：
软硬适中的笔芯，即使是彩妆初学者都十分容易上手。
完美唇彩：
细致的光泽粒子，能修饰黯沉唇色，呈现自然活力。

清新派无瑕裸妆

做好完整的妆前保养，将肌肤调整到最佳状态后，只要简单的几个上妆步骤，就可以让肌肤呈现完美的好气色，轻松出门。

1 打上一层薄透的粉底后，用具光泽的粉红色眼影，在眼褶与眼窝处轻轻刷上一层，让眼睛较有立体感。

2 轻轻刷上一层根根分明的睫毛膏，在裸妆妆效中，依然强调活力眼神。

3 在笑肌处刷上一层薄薄的腮红，勾勒出健康的好气色。

4 最后擦上颜色与唇色接近、略带珠光效果的唇彩，让裸妆妆感更明亮动人。

FINISH

轻松学基础日常妆

白天出门时，不必把脸当调色盘一般拼命上颜色，将重点放在眼妆，再以粉嫩腮红及自然唇色点缀，就能打造粉嫩轻盈的妆感喔！

1 在以粉红色打底的上眼褶处，画上一道带银灰色的蓝眼影，让眼部色彩更丰富立体。

2 在下眼睑前1/3处画上银灰色眼线，可以让眼头更开阔明亮。

3 将粉红色霜状腮红点在笑肌处，再往颧骨方向推匀，创造粉嫩的好气色。

4 选用接近唇色的自然色调唇彩，稍微修饰唇色，让双唇充满光泽即可。

FINISH

隐形遮瑕笔：
添加保湿成分，轻盈服贴，完美修饰小瑕疵。

珠光眼彩慕丝：
完美显色又有细致光泽，让眼睛呈现低调美感。

虹彩亮泽润色霜：
方便的三合一彩妆品，可当眼影、修容及唇彩。

银光魅眼笔：
低调的银色光泽，为眼部增加明亮的立体感。

迷你腮红慕丝：
轻盈的霜状质地，轻轻推匀，就有自然粉嫩好气色。

珠光柔彩蜜粉：
细致的珠光粒子，能让脸部肌肤充满晶莹光泽。

古小伟推荐 基础彩妆必备 agnès b.彩妆品

Point 2

由于彩妆重点在眼部，因此唇部建议选用带有光泽的裸色唇彩即可。

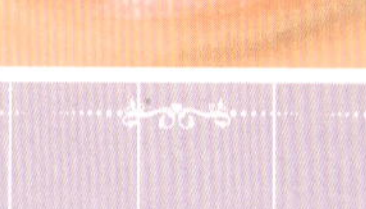

Point 1

带有光泽的银灰蓝眼影与下眼睑前1/3处的银灰色眼线，可互相呼应，让眼睛看来更大更立体。

Point 1

在使用银色眼线液描绘下眼睑前段时，眼头部分可稍粗一些，创造放大眼睛的效果。

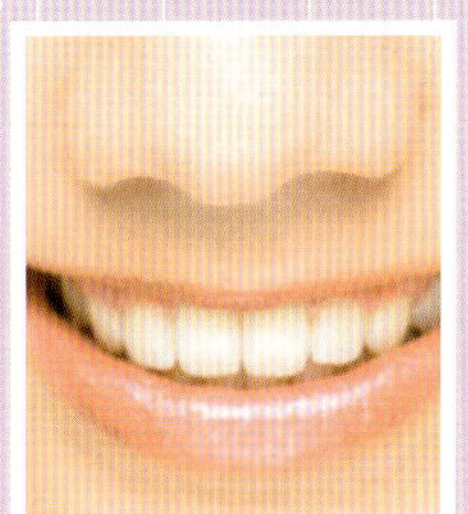

Point 2

在晚妆上，可选择珠光粒子较大的唇膏或唇蜜，创造闪耀亮眼的双唇。

古小伟推荐基础彩妆必备 agnès b.彩妆品

持久眼线液笔：
闪亮的细致亮粉，能长时间均匀服贴。

变幻特效眼影：
藉由光线的转换，反射出层次色调，让眼妆充满奇幻变化。

银光魅眼笔：
带有金属光泽的紫色，让夜晚的眼妆更神秘华丽。

水亮舞光薄亮唇膏：
丝绒般的光滑细致，长效持久，整晚拥有美丽唇色。

心灿亮泽唇蜜：
独特的心形刷头，只要轻轻一抹，就能展现均匀的亮泽效果。

超薄持久完美两用粉饼SPF12：
轻盈薄透的质地，轻松创造光滑无瑕的底妆效果。

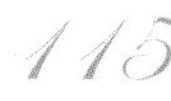

三步骤变成完美晚妆

下班后要跟心爱的他约会？还是要去参加好姐妹的生日派对？忙碌的你显然没有时间赶回家重新上妆，只要几个简单步骤，就能将基础日妆变化成完美的闪亮晚妆，轻松应付不同场合的妆容需求。

1 补完蜜粉后，在下眼睑处从眼尾到眼头方向画上紫色下眼线，长度约占下眼睑的1/2即可。

2 在下眼睑前1/2段画上带有亮粉的银色眼线液，让眼神充满闪亮魅力。

3 以粉红蜜桃色的珠光唇膏或唇蜜妆点唇部，让双唇在夜晚中更耀眼迷人。

FINISH

第15课 要点小心机，彩妆魅力一百分

粉嫩心机妆

如果你对基础彩妆已经得心应手，那么接下来就好好利用粉嫩色彩及重点技巧，为自己打造显眼却不做作的粉嫩心机妆。

1 以薄透自然的粉底为脸庞创造明亮均匀的好肤色。

2 以淡粉红色眼影刷满眼窝及眼褶范围。

3 同样以淡粉红色眼影，轻轻刷过下眼睑，创造淡淡的粉红色晕染效果。

4 以强调根根分明效果的梳子状睫毛膏，在睫毛上刷上一层即可。

5 在笑肌处刷上与眼影相呼应的粉红色腮红，带来粉嫩好气色。

6 擦上具有水润效果的光泽唇膏，让双唇粉嫩迷人。

FINISH

古小伟推荐
基础彩妆必备
MAQUILLAGE.彩妆品

心机眼色PK222

心机影诱睫毛膏

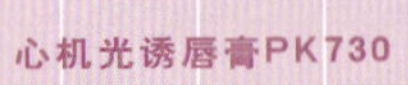

心机光诱唇膏PK730

心机弹润蜜粉

Point 1

选择粉红色眼影时，记得要挑淡色的，彩度太高反而会让眼睛看起来浮肿喔！

Point 2

唇形不明显或唇色太深的话，可以选择水润唇膏代替唇蜜，效果会更好。

心机粉刷

心机黑瞳纯净眼影V1213

活颜悦色3D立体颊粉B6

活颜悦色密绒睫毛膏纤长型

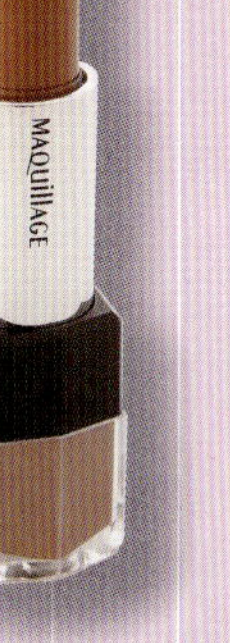

心机色诱唇膏BE334

心机眼色WT993

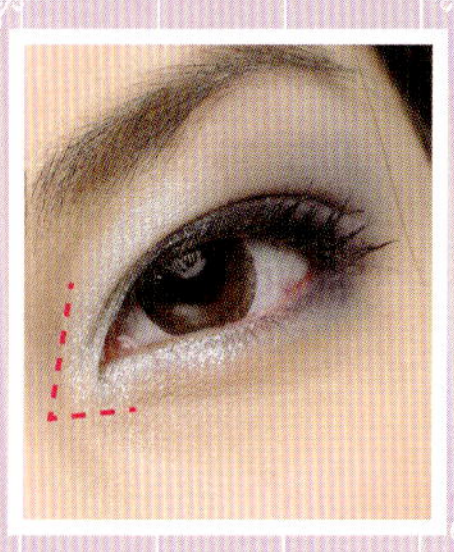

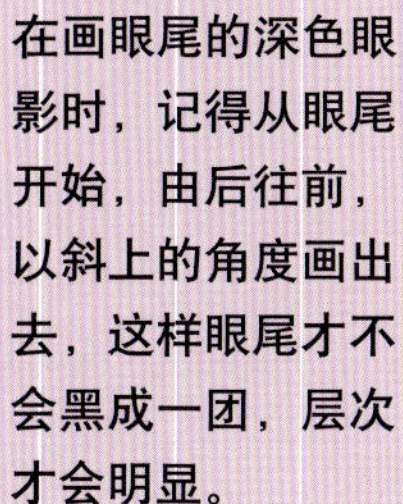

在画眼尾的深色眼影时，记得从眼尾开始，由后往前，以斜上的角度画出去，这样眼尾才不会黑成一团，层次才会明显。

当眼尾擦上深色眼影时，别忘了眼头的部位要画上带有珠光的白色眼影，创造放大眼睛的效果。

心机眼线笔

魅惑心机妆

带有神秘感的蓝紫色眼影该如何用才不会太厚重？又该搭配什么颜色的腮红，才能让整体妆容看起来明亮又有魅力？快来瞧瞧如何善用蓝紫色，打造充满魅惑力的心机彩妆。

1 以淡蓝色眼影为眼妆打底，再以深蓝紫色眼影以由后往前方向，在眼尾部分加强，创造眼睛的立体感与层次效果。

2 利用眼线笔，沿着睫毛根部，描绘出自然的上眼线。

3 刷上具有纤长效果的睫毛膏，可刷两层，让纤长效果更明显。

4 以蜜桃色腮红在笑肌处均匀刷开，记得淡淡地刷上一层即可，太重的腮红颜色会让脸像调色盘。

5 同样以深蓝紫色眼影在下眼睑部位由后往前画，画的时候力道由大到小，让下眼睑末端颜色较深；眼头部位则画上白色眼影。

6 以粉嫩的蜜桃色水润唇膏修饰唇色，让双唇呈现浅浅的颜色即可。

FINISH

闪亮心机妆

充满光泽的金色眼影是一年四季都适用的华丽晚妆色彩，搭配带有光泽粒子的粉色唇蜜，让你在夜晚的每一刻都耀眼动人。

1 以金色眼影刷在眼窝及眼褶处。

2 以眼线笔在睫毛根部以及上方画上一条略粗的眼线，再以棉花棒将眼线边缘晕开。

5 选择光泽度高的淡粉色唇彩，为双唇上色，呼应眼妆的金色光泽。

3 以眼影棒将紫色眼影由后往前画在眼线上，创造晕染效果；眼尾上色范围可较大些，让层次明显。

4 以眼影棒沾取金色眼影，在下眼睑处均匀画上一道。

FINISH

Point 1

在画金色眼影时，范围应在眼褶及眼窝凹陷处，不要超出眼窝。

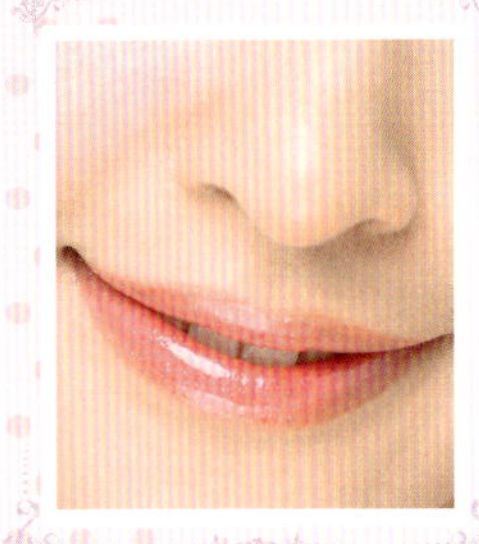

Point 2

唇蜜以彩度低、亮度高的为最佳，也就是颜色浅，光泽亮的唇蜜较适合搭配金色眼影。

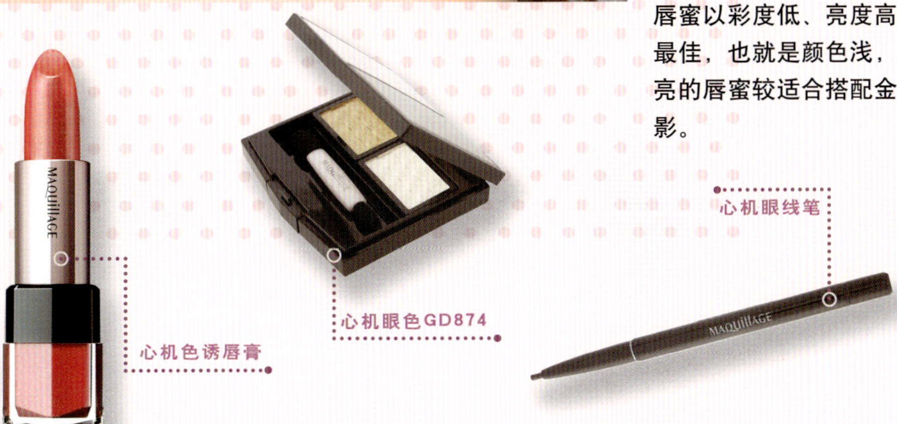

心机色诱唇膏

心机眼色GD874

心机眼线笔

MAQuillAGE

呵护美眸

Part 6

这对灵魂之窗，我们不仅要把它们妆得美美的，尤其脆弱敏感的眼周肌肤更要细心呵护。从彻底卸妆清洁到深层按摩保养，按图操课，仔仔细细地保养眼周肌肤，千万别偷懒喔！

掌握保养契机，美眼不打折！

嘿，女孩儿们，别仗着自己年轻，就以为能省略掉眼周保养！千万别等到眼周肤质，出现干燥、细纹或暗沉等等危机时，再努力想紧急补救的方法，这恐怕都只是亡羊补牢喔！要知道，眼睛周围的肌肉，不仅要承受高频率的眨眼运动，又加上缺少皮脂膜的保护，是所有肌肤当中最薄弱、保水力最低的部位呢！

可想而知的，当你稍微疏于保养时，眼周肌肤就会因干燥，使得浅层纹路先跑出来示警一下，若你依旧蛮不再乎的话，紧接着细小皱纹、深层皱纹，甚至松弛等等多重问题，就会如雨后春笋般，不断地冒出来啦！所以，最晚20岁开始，就要挑选质地清爽不油腻，且具高保湿性又好吸收，不会加重负担的眼部保养品，给予最基本的滋润保养，并依照不同问题点，来搭配简单眼部按摩，加强吸收与循环，令双眸维持在水嫩饱满的优质状态。

第16课

提升美眸三部曲

课后练习

让你的他变得更有型！

彩妆师推荐

大推荐！眼妆必备的好货色

第16课 提升美眸三部曲

I 部曲 正确卸妆，美眸力UP！

休息，是为了走更远的路，卸妆也是相同的道理。要有人人惊叹的放电美眸，光依赖大量色彩是不足够的，唯有透过正确的清洁，让肌肤获得彻底休息，才是维持美丽双眸的不二法门！

卸除眼妆，轻松6步骤！

1 眼部专用卸妆液倒在2片化妆棉上，再依照眼妆浓淡度不同，轻敷于眼皮上约10～20秒，好让彩妆溶解。若眼妆上有亮片时，可用透明胶带卷在食指和中指上，先将亮片黏干净喔！

2 待色彩、睫毛膏都稍微被溶解后，请由眼头往眼尾方向，轻轻刷擦拭过去，这时你会发现眼妆色彩，很容易就被擦掉了呢！

3 接着，把化妆棉翻面，由上往下滑移，将睫毛膏擦拭干净。注意，擦拭力道务必要轻柔且缓慢，以免拉扯到脆弱的眼周肌肤。

★Good Idea:

虽然，卸妆油也能卸掉眼妆，却容易刺激到细嫩薄弱的眼周肌肤！建议你，还是用眼唇专用卸妆液，以轻敷擦拭的方法，并透过棉花棒的辅助，让你毫不费力气卸净眼部彩妆。

4 放张化妆棉在下眼睑，然后眼睛闭起来，并利用沾有卸妆液的棉花棒，轻轻由睫毛根部往下擦拭，把残留的睫毛膏或眼线拭净。

5 接着，换张全新的化妆棉，并且再次沾上卸妆液，敷在睫毛上约10～20秒之后，再往眼尾方向轻轻拭过，将残余污垢全擦净。

6 最后，利用沾有卸妆液的棉花棒，从眼头朝眼尾位置，以画小圆圈的方式，将残余在睫毛根部的细小脏污拭净后，再用清水冲洗就OK了！

FINISH

II部曲 透过按摩，来疼爱美眸！

用自己双手，孕育出美丽的肌肤，是自古相传的美容法！因此，善加利用不同按摩技巧，来改善各种恼人的眼周问题，并且融入在早晚的保养程序中，相信美丽的眼眸，绝对会慢慢在你的脸庞上，展现出动人光采！

正确擦眼霜，美眼跟着来！

1 取适量眼霜，在力道最弱的无名指上，才不会用力拉扯到脆弱的眼周肌肤。

2 利用两指腹稍微搓揉，产生温热感后，再均匀擦上眼周肌肤，让成分更容易被吸收。

3 以眼头为起点，利用指腹轻柔地往外眼尾滑推后，再轻轻弹压，让保养成分能彻底渗透！注意，不能由后往前按摩，那会导致眼周产生细纹呢！

★Good Idea:

以自己感觉舒服的轻柔力道，来按摩眼周肌肤，是务必掌握的大原则，因为眼部肌肤特别脆弱，千万不能大力拉扯，以免出现明显的细纹喔！

冰镇＋按摩，消除浮肿泡泡眼！

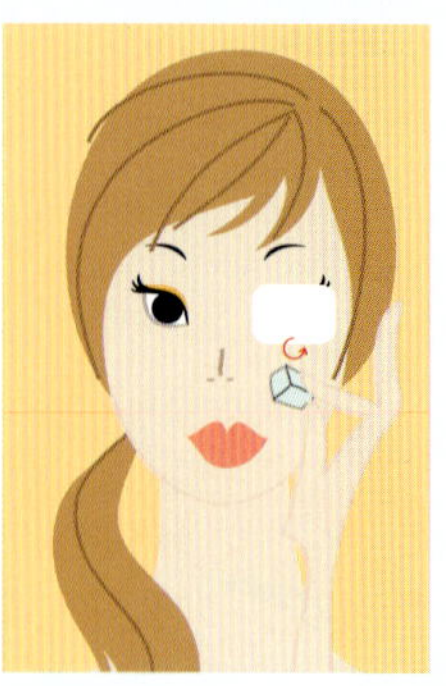

1 将冰镇过的化妆水，浸湿在大片化妆棉，覆盖住整个眼睛之上，透过冷敷来舒缓浮肿的双眼，同时还可达到保养功效。

2 想令浮肿的眼皮，得到更优质的收缩效果，不妨直接拿着冰块，隔着化妆棉，以画小螺旋的方式按摩。

3 冷敷过后，将眉头到眉尾，分成5～6个定点，并以大拇指和食指，由眉头往后轻捏约5秒钟后放开，可帮助促进血液循环。

4 闭上眼睛，从眼头到眼尾分成3个定点，并以大拇指和食指轻轻撑开眼皮，每个定点约停留5秒钟，持续以手指给予刺激，就能改善浮肿现象。

甩开疲劳，恢复明亮眼眸！

1 以无名指轻轻按压，位于眉头正下方的攒竹穴，而中指和食指，就放置在眼窝边缘，同样透过按摩，来放松紧绷的上眼圈。

2 将无名指置于眼头下方，中指放在黑眼珠正下方，食指则放于眼窝边缘，然后同时往下轻按压，刺激眼下穴道，好改善并消除浮肿。

3 从眼尾后方下凹处，一直到太阳穴的距离，以三指指腹平均放置，并轻柔的滑动按摩，藉此消除眼周肌肉的紧绷和疲劳。

热敷＋按摩，改善疲累熊猫眼！

1 以热水温热化妆棉后，再将温暖的化妆棉，轻覆于双目上舒缓3分钟，来改善血液循环不良所造成的黑眼圈的问题。

2 由下眼头到下眼尾，分成3个定点，并以双手的食指关节，同时往左右眼的下方穴道，轻轻向下按压，约10秒钟后放开。

3 将眼头到眼尾距离，分成4个定点，并用食指到小拇指的指腹，以轻弹的按摩方式，反复做10次左右，藉由刺激下眼睑，来促进血液循环。

4 针对眼部下方黑眼圈的部位，从下眼头开始沿着下眼凹轮廓，一直轻轻按压到太阳穴后，稍加施力往下按压后放开，就结束整套动作。

仰赖舒展渗透，消除小细纹！

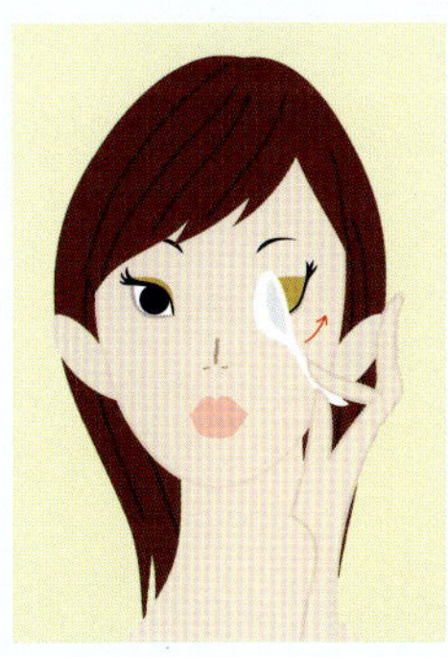

1 利用冰过的汤匙，轻轻沿着眼窝骨，从眼头到眼尾方向，温柔的按压移动，藉由刺激穴道，使凹陷眼皮恢复丰润。注意，力道绝对要轻，以免伤到眼球！

2 先用手指以V字型方式，轻轻撑开有细小皱纹的眼尾处，然后涂抹上眼霜，并画圆按摩帮助渗透。

3 将裁剪成小片的化妆棉，吸饱精华液或化妆水后，再覆盖于细纹或黑眼圈等位置，在眼周作密闭式的覆盖保养。

4 如果想提升眼霜的吸收力，不妨试试在化妆棉上，以保鲜膜覆盖约5分钟，滋养效果会更赞喔！

Ⅲ部曲 击退黑目轮，恢复无瑕好眼色！

熬夜隔天，一早起床，却被突如其来的黑目轮，给吓了一大跳。想要加以隐藏掩盖，却反而使暗沉更明显，这惨兮兮的状况，相信很多人都遇过吧！在此，分享简单的遮瑕小技巧和小细节，保证让你轻松画出好眼色！

轻松修饰暗沉眼！

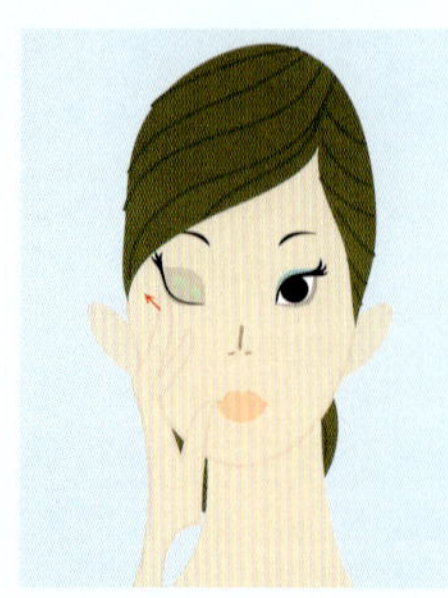

1 取一点淡柠檬色的遮瑕霜，点在上眼皮的位置。（若是泡泡上眼皮，就用深色遮瑕霜，就可有效修饰上眼皮的浮肿状况。）

2 先以指腹温热后，再轻轻地往上轻弹推匀，就能改善泛红、暗沉的肤色。

3 沾取适量含些微珠光的蜜粉或粉饼，薄薄刷一层，打亮暗沉上眼皮，让肤色变得明亮净透。

这样遮就对啦！

1 利用遮瑕笔或遮瑕膏，在眼周下黑眼圈或暗沉处，均匀点上三小点。（若是肿肿的金鱼眼袋，可选择黄色遮瑕，轻薄地按压在眼袋处。）

2 用粉底刷把遮瑕均匀刷开后，再用指腹轻轻按压融合。

3 最后，沾取适量蜜粉或粉饼，薄薄刷一层，减少与脸部肌肤的色差，让全脸肤色呈现净透光泽。

★Good Idea:

不同情况，选用不同颜色，效果才会优喔！一般来说，黄色系是修饰咖啡色黑眼圈；橘色系能遮掩眼部血管的青黑色泽；暗沉和眼袋问题，可用淡紫色来处理，或以柔白色打亮肤色，并增加立体感。

课后练习 让你的他变得更有型!

让他学会修眉快又有型的超级技法

顺着自然眉型，不需要出现明显的线条或弯度，只要完整地描绘出眉毛原本的颜色及轮廓，透过眉毛恰恰好的存在感，使得脸型更显立体，自然就能散发出男人味。

1 用螺旋梳将毛流梳顺。眉头部份往上梳，眉中、眉尾及眉峰处则往下梳。使用螺旋梳时可弯成45度会更顺手。

2 用修眉刀轻轻剃除眉骨下方处的杂毛，让眉毛轮廓露出来，至于眉头部份除非毛流过长，否则不需刻意修短。

3 修掉杂毛，但注意不要压低原有眉毛的高度；眉峰附近的杂毛也要一并修干净，看起来会更清爽。

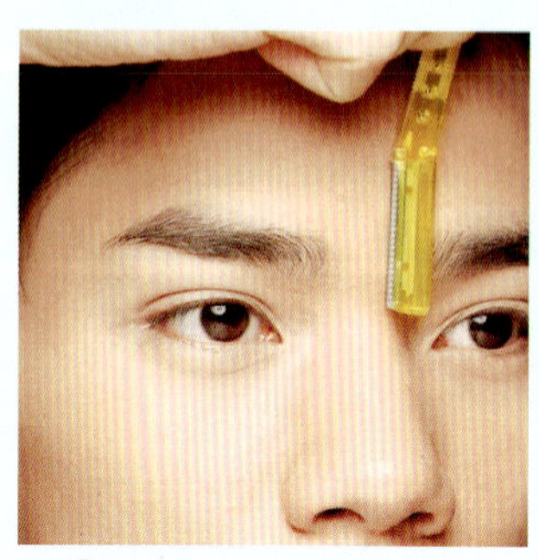

4 将修眉刀直拿，针对左右眉头中间的杂毛进行修整的动作，这是修眉关键的小细节，不可轻忽。

5 利用螺旋梳辅助依序从眉头、眉中到眉尾，顺着毛流轻轻往上推，找出过长的眉毛，将其修剪整齐。

6 顺着眉型轻轻刷上深咖啡色的染眉膏，增加眉毛的立体度及亮泽感。

★Good Idea:

对男生来说，眉毛只要能够保持干净、拥有自然眉型，看起来就有型。建议不妨根据自身毛发生长的速度，每隔约一、两个星期定期修整一次。

让眼周不再暗沉的快又有效的法宝

1 为了让眼周变得明亮些，于上眼皮暗沉部位以水平方向刷上遮瑕膏，遮瑕膏要润泽才好均匀推开。

2 针对下眼皮暗沉处，透过沾取遮瑕膏的笔刷，朝着与眼周细纹平行方向推开，才不会过度拉扯细纹。

3 特别是上下眼角交接处有个凹陷的小三角区块也会容易呈现肤色暗沉，同样要进行遮瑕动作。

4 针对眼头凹陷处，同样以遮瑕刷沾取遮瑕膏由上往下轻刷开，做好细部遮瑕的工作。

5 针对眼周遮瑕部位，再次以无名指指腹按压、推匀，透过手温加强遮瑕膏与肌肤的密合度。

6 确定遮瑕膏与肌肤密合呈现自然妆感。最后，轻刷上一层蜜粉抑制肌肤出油，避免脱妆。

★Good Idea:

进行遮瑕动作时，一定要慎选遮瑕膏，通常遮瑕膏的润泽度一定要够才好推开、刷匀；而推匀方向要与眼周细纹平行，并且利用五指中力道最轻柔的无名指来进行推开动作，才不会过度拉扯肌肤。

简单又轻松修掉他的熊猫眼

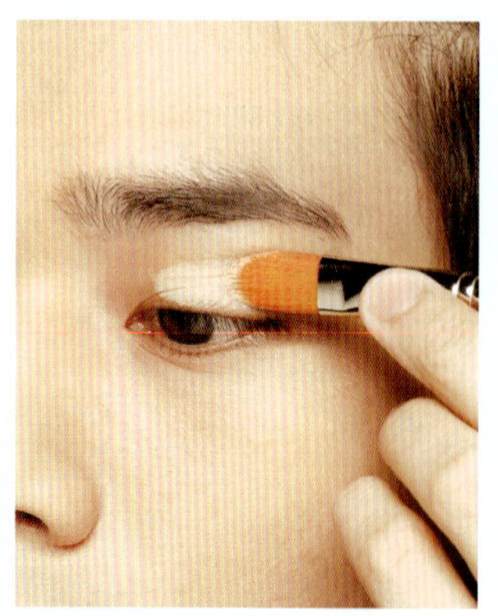

1 针对熬夜、色素沉淀所形成的黑眼圈，以遮瑕刷沾取橘色调的遮瑕膏，大范围刷于上眼皮眼窝处。

2 眼球稍微往斜上方看去，同样以遮瑕刷沾取遮瑕膏，沿着下眼皮黑眼圈边缘从内往外轻刷推开。

3 眼头凹陷及眼头部位，遮瑕刷沾取遮瑕膏由上往下轻刷推开，遮瑕之余也加强立体感。

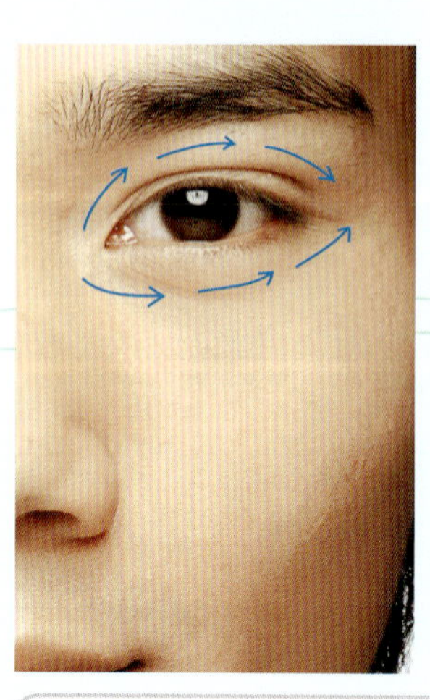

4 以接近自然肤色的蜜粉，轻刷过上下眼皮等眼周遮瑕部位，让遮瑕膏持久不易脱落。

★Good Idea:

针对因为熬夜、想快速的遮掉色素沉淀所形成的黑眼圈，上完遮瑕品后由内往外轻推就可以轻轻松松地让眼睛更明亮有精神。建议男生尽量选择橘色调的遮瑕膏，来调整肤色，取代“比肤色浅一号”的遮瑕膏，显色效果会来得更加自然。

古铜肤色让眼睛更有元气

1 选择与肤色相近的古铜色粉底液，从眉头中间放射状往额头方向推开粉底，透过手指上色，让底妆更服贴。

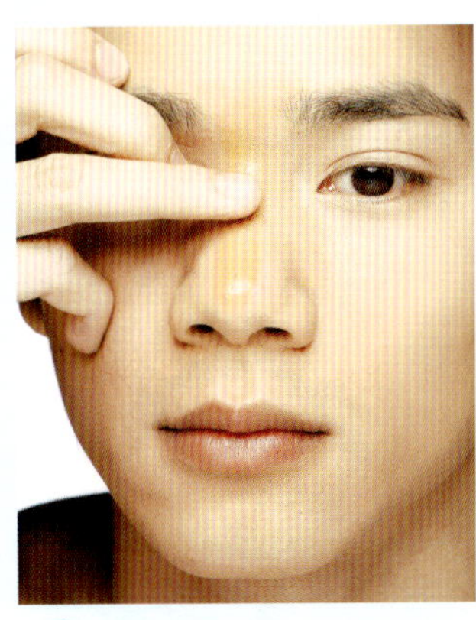

2 针对鼻梁处，同样采取由眉头往鼻头的方向（即由上往下），点上粉底液后均匀推开，直到与肤色融合为止。

3 针对容易暗沉的下巴处，则由中间往两旁将底妆推匀至不明显，建议使用单只指腹上色，可让底妆更轻盈、薄透。

4 接着，在左右两颊部位，进行大范围的底妆上色动作，顺着轮廓由内往外、由上往下，利用手指温度推匀底妆。

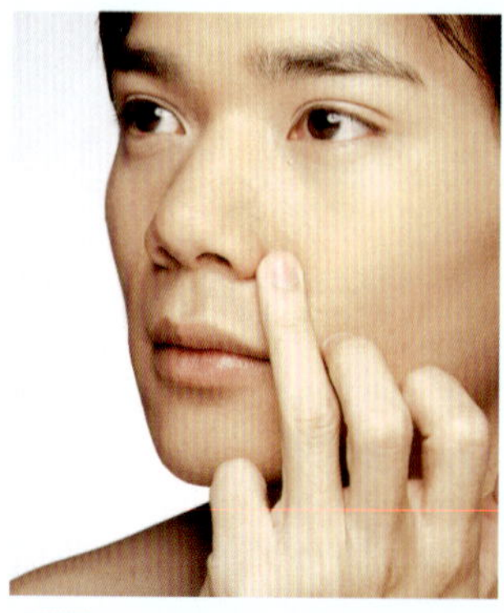

5 容易产生卡粉的小细节处，如鼻翼两侧、眼角及嘴角四周等，再次地检查，并透过手指轻轻拍弹，让肌肤更吃妆。

6 透过海绵由上往下将脸部及颈部交界处，原本明显的粉底边线推开至不明显。

7 针对泛红的痘痘或痘疤处，透过手指沾取肤色遮瑕膏直接点于其上，轻轻由中心点往外推匀，让整体肤色看起来一致。

8 利用蜜粉刷沾取肤色蜜粉，由内往外、由上往下大面积轻轻刷于左右两颊处，让粉底液持久不脱落，发挥定妆效果。

9 针对容易暗沉的T字部位、下巴及眼下等处，则刷上稍微带些珠光因子的蜜粉，再次达到明亮肤色的修饰效果。

10 于左右脸颊及发际边缘处，刷上比粉底深一点的修容饼，修饰出脸部立体轮廓，让整体更有型。

★Good Idea:

想要让肌肤底层散发出健康透明感，可不能一味地利用厚重的底妆来遮盖毛孔、痘疤、斑点及暗沉等瑕疵，建议不妨先透过妆前霜来修饰，这样一来即使底妆薄透，肌肤依旧零缺失。

FINISH

彩妆师推荐

大推荐！眼妆必备的好货色

众多彩妆品中，究竟哪些好用？哪些效果好？这需要经过多年经验累积。小伟和你分享心目中好用的眼妆品，让你自己动手化妆更有成就感！

一盒有四种色调和质感的眼影，让你能随着场合和心情，来创造饱和浓郁、闪耀光泽的不同妆感外，色泽也持久不脱色。GIVENCHY四色眼影

这款兼具优雅与洗练感的4色眼彩组合，不仅粉质相当细致，也带有典雅微珠光效果，同时更添加有保养成分，能使眼妆呈现出澄净莹透的彩度，与紧致张力的质感。黛珂AQ晶致典雅彩妆组

平滑轻柔的粉末质地，不仅好延展涂抹，而且薄纱般的半透明颜色效果，可以创造出渐淡、透明的自然妆感，同时价格也非常实惠。Agnès b.雾面单色眼影

无论是单用，或点缀在深色眼线上，都能使双眼在似有若无间，不经意地闪烁晶钻粒子，创造出性感迷人的妆效。SHISEIDO心机晶钻眼线

能流畅的贴合于眼部，勾勒出清晰的多种眼线妆感外，防水、防汗、不晕染的持妆效果很不赖，平常容易晕染的人不妨试试。BOBBIBROWN星纱流云眼线胶

笔状设计使用简单、方便，只要视需要挤出适当用量后，轻轻刷在暗沉肤色上，就能不着痕迹的让瑕疵、倦容，变得不明显且散发光泽。CLARINS苹果光笔

独特浓密凝胶和螺旋桨型睫毛刷的组合，能轻松创造出无厚重感浓密睫毛，重点是价格也非常平易近人。MAYBELLINE快捷浓密防水睫毛膏

画眼影不可或缺的！这支貂毛材质的刷子，触感很细致柔软，不会让眼皮有刺激感外，还可使眼影做出很漂亮的晕色感。好莱坞的秘密眼影刷

亲爱的me系列读者：

从第一本林叶亭的《美人魔发》至今，Me系列陆续推出了台湾王牌女性节目“女人我最大”造型师们的相关作品，受到了广大读者的肯定，这本《古小伟电眼彩妆书》已经是和该节目相关的第六本作品，真心地希望您能一如既往地支持。如果您有什么意见或建议，可填写并寄回这张回函卡，同时也会成为我们Me系列的会员。

《美人魔发》￥25

只要利用梳子、吹风机、发卷、波浪夹等手边工具以及街头流行的漂亮发饰，“变发达人”林叶亭就能让你快速变换出多种漂亮发型！不论长发、中发或短发，不论工作、休闲或各种正式场合，都有最IN的发型和编发技巧，让你成为魔发美人！

《发饰达人》￥28

全书以“各种各样的发饰”统领，介绍了上百种发饰、39种进阶发型、70种以上各式进阶式发型。本书另一大亮点是针对DIY变发过程中，常见到的疑难杂症，如头发容易扁塌、乱翘，给出专业的产品推荐，并介绍林叶亭独家的小技巧。爱美发的女性们按照本书介绍的方法，天天在家就能用不同的发饰变幻出各种绚丽发型，是一本极具实用价值的美发造型书。

《十年后，也美人》￥28

拥有白金级美肌的林叶亭，居然从没到沙龙做过脸，即使是素颜，肌肤也光滑无纹！这一次，她将在书中分享十多年来亲身实证的保养秘诀，只需要藉由一点小技巧和适当的保养品，以及化妆术，就能让你KEEP年轻，美丽无痕！

《幸福发美人》￥36

“女人我最大”首席造型师“发饰达人”林叶亭变发达人三部曲最新STEP，40款完美发型的详细造型步骤，打造女人一生中最幸福的时刻！无论对于将要结婚的女性，还是渴望幸福的女孩，都是必读的宝典！

《小凯老师明星脸彩妆书》￥28

彩妆是一种视觉语言，它可以帮助你创造赏心悦目的脸庞，并且展现出专属于自己的魅力。这本书将金童彩妆师小凯九年累积的经验，毫无保留的与更多女孩们分享，让想要变得更漂亮的你，在轻松掌握化妆技巧之余，更能体验彩妆所带来的喜悦和自信美！

《古小伟电眼彩妆书》￥28

开发女人的美丽心眼！化妆要用心，首先要有双电眼，古小伟用心传授彩妆技巧让你眼睛不只会说话，更会放电！本书从最基础的眼部彩妆、眼部保养知识开始，向读者展示各类不同风格眼妆的画法及技巧，以及配搭眼妆实用率超高的自然裸妆效果，不仅适合彩妆初学者，其进阶篇对有一定彩妆基础的读者也有相当实用价值。

读者回函卡

A. 您通常是通过什么渠道了解时尚生活类图书信息的？

1．书店　2．网上书店　3．报刊杂志　4．网络栏目
5．电视广播　6．朋友推荐

B. 是什么原因让您选择了这本书？

1．封面很漂亮　2．书名很吸引人　3．内容题材不错　4．喜欢作者
5．看到了广告宣传　6．一系列的规划　7．其他______

C. 在Me系列的书系里，您对针对哪一部分身体保养的书最感兴趣？

1．脸部　2．头发　3．胸　4．臂　5．腿　6．其他______

D. 在未来的Me系列书系里，你希望看到哪位明星作者？______

E. 你常去的网站论坛有哪些？

1．开心网　2．校内网　3．天涯论坛　4．其他______

F. 青马最新开通了淘宝网购书平台，请问你对此的态度是？

1.今后都在网上买了　2.有优惠就去　3.会经常去看看　4.哪里买书都无所谓

G. 如果举办Me系列线下会员活动，你希望在？

1.工作日　2.星期五晚上　3.星期六　4.星期天

（您的意见可是十分重要哦）

关于您

最后，麻烦您把自己的个人资料、联系方式告诉我们，内容不多，就一点点。

姓名：______　性别：______

年龄：______　学历：______

通讯地址：____省____市（县）______（详细地址）

联系电话：______邮编：______

E-mail：______

您最希望我们通过什么方式来和您联系？

1．电子邮件　2．电话　3．写信　4．手机短信　5．传真　6．______

关于我们

我们的地址是：上海市静安区巨鹿路675号4号楼　青马图书
邮编：200040
邮购热线：021-54039696-865/650
百度贴吧：http://tieba.baidu.com/f?kw=mebook
淘宝网购买更便宜：http://shop35761464.taobao.com/

FEEL 青馬

通告：Me系列的《普拉提自学天书》已经售完，请广大读者在邮购的时候注意，不要再填写此书，是否会再销售另行通知，谢谢大家！

真诚回报：

非常感谢您在百忙之中填写了本单，现在麻烦您把它回寄给我们，这样我们才能把您加入我们的书友会，要知道我们的会员直接邮购公司出版的图书可是能够享受8．5折优惠的哦！

图书在版编目（CIP）数据

古小伟电眼彩妆书/古小伟著.—上海：上海锦绣文章出版社，2008.12

ISBN 978-7-5452-0137-6

I. 古… II.古… III.①眼-化妆-基本知识②眉毛-化妆-基本知识IV.TS974.1

中国版本图书馆CIP数据核字（2008）第186888号

责任编辑：叶　导　　策　划：FEEL 青馬
特约编辑：丁　莉
内文排版：林　艺
封面制作：汪佳诗
市场推广：屠　菡　　黄文豪

书　　名:《古小伟电眼彩妆书》
出版发行:上海锦绣文章出版社
社　　址:上海长乐路672弄33号
网　　址:http://www.shp.cn
经　　销:新华书店
印　　刷:上海锦佳装璜印刷发展公司
开　　本:889*1194毫米 1/24
印　　张:6.25
字　　数:30千字
版　　次:2009年1月第一版
印　　次:2009年1月第一次印刷
书　　号:ISBN 978-7-5452-0137-6/J.094
定　　价:28.00元